the book of blanket

とっておき♪手編みのブランケット
渡部サト

contents

- **A** 夜空にきらめく色とりどりのモチーフスター…2・3
- **B** 永く大切に使いたいレトロスタンダード…4・5
- **C** 大きな大きな頼れるブラウン…6・7
- **D** ハンサムシックなイレギュラーストライプ…8・9
- **E** きりりと香り立つオペラピンクのモチーフ…10
- **F** 緑の精の弾けるようなモチーフつなぎ…10・11
- **G** キュンとかわいい長方形のトラッド…12・13
- **H** 甘め縁編みプラス、マスキュリンストライプ…14・15
- **I** 乙女気分高まるスモーキーパッチワーク…16・17
- **J** やさしいドットブラウンに包まれる幸せ…18・19
- **K** 王女さまも愛でる花モチーフ…20・21
- **L** 伝統的なホワイトアランこそ個性が光る…22・23
- **M** トラディショナルなブロックチェック…22・23
- **N** 自由の法則、畝編みのフリンジ…24・25
- **O** 冬空色のノルディック風編み込み…26・27
- **P** 秋の夜長を楽しむヘリンボンストライプ…28・29
- **Q** 大人がときめくクールな丸チーフ…30・31

河出書房新社

 the
 book
 of
A blanket

夜空にきらめく色とりどりのモチーフスター

このブランケットはヴィヴィッドな配色が決め手。1〜2段めはカラフルな色を、3〜4段めは黒を選んで、くっきりと鮮やかなモチーフつなぎに仕上げました。大きくも小さくも作れるのがモチーフのいいところ。3列くらいを細長く編んで、マフラーなんていうのも素敵。

size・99cm×99cm
how to・34...35ページ

B the book of blanket

永く大切に使いたいレトロスタンダード

中央部分は四葉をイメージしたモチーフ。まわりにネット編みと幅広の縁編みを合わせて、懐かしいような、それでいて新鮮な気持ちをくれるような、ノスタルジックで安心感のある1枚にしました。

size・86cm×86cm
how to・36…37ページ

C the book of blanket

大きな大きな頼れるブラウン

編み方はBのブランケットと同じ。太い糸を使うと、こんなに大きくなるんです。ラグマットにしてもいいし、こたつカバーにしてもいい。ベッドカバーもロマンチック。ワインっぽいこげ茶色も、ほっこりあったか気分を高めてくれます。

size・166cm×166cm
how to・36…37ページ

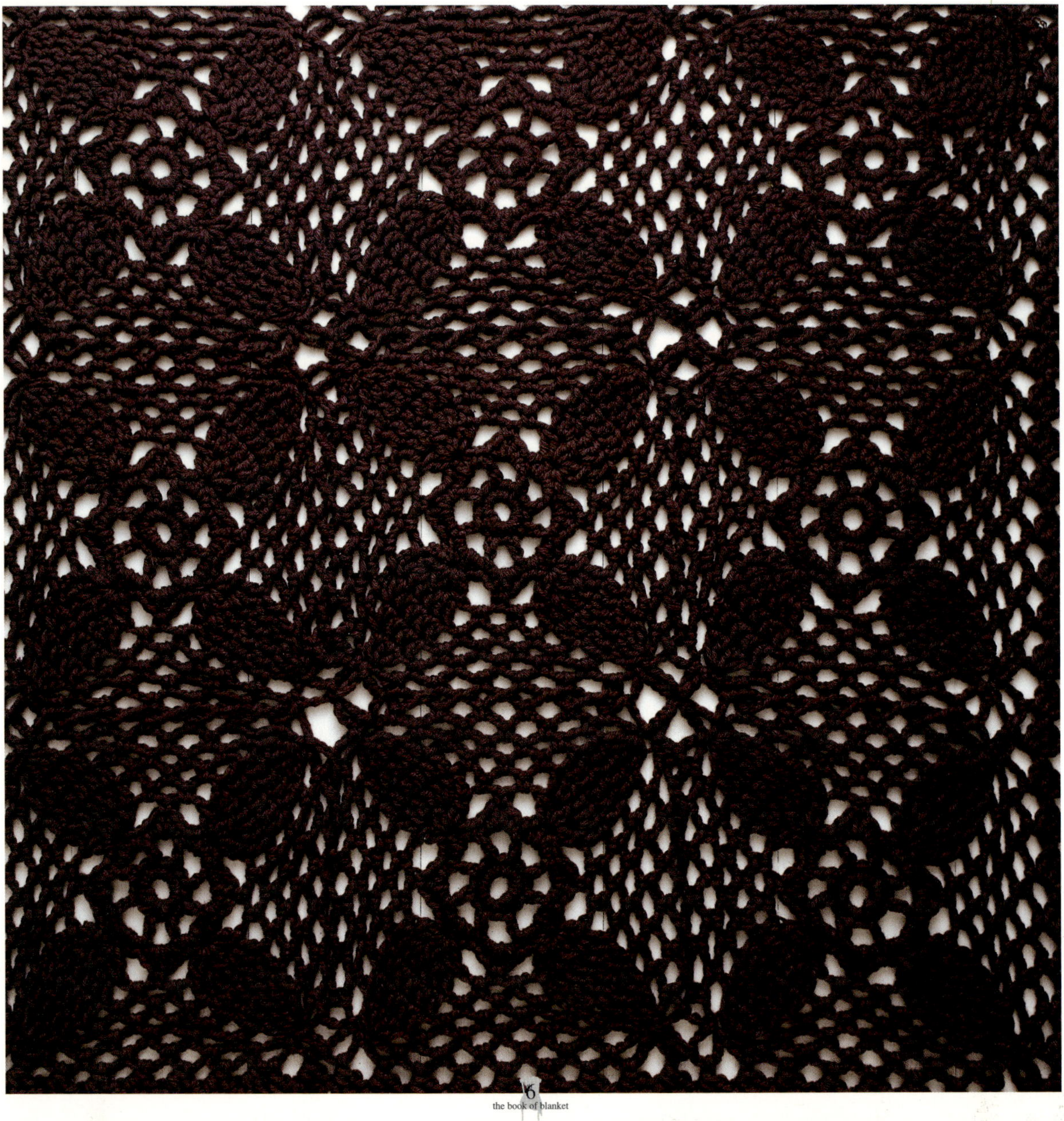

D the book of blanket

ハンサムシックなイレギュラーストライプ

単純なメリヤス編みも、ストライプの幅を変えたり、スラブヤーンを使ったりすると、表情豊かになります。なんとなくメンズライクに仕上げたかったので、このシックな3色を選びましたが、ピンクやベージュの組み合わせもかわいいと思いますよ。

size・90cm×90cm
how to・44ページ

E
the
book
of
blanket

きりりと香り立つ
オペラピンクのモチーフ

2種類のモチーフを規則的につなぎ合わせました。綺麗なピンクといい、クラシックなモチーフといい、女の子ならウキウキしちゃいます。

size・80cm×80cm
how to・38...39ページ

F the book of blanket

緑の精の弾けるようなモチーフつなぎ

Eのアレンジ版です。いろいろな種類の糸で同じモチーフを編みました。
使う糸によってバランスが変わってくるので、モチーフAを編み上げたら
パッと並べて、様子を見ながらつなぎ合わせるのがいいと思います。

size・約70cm×約140cm
how to・40...41ページ

G キュンとかわいい長方形のトラッド

the book of blanket

アランは文句なしにかわいい！ それが何色だったとしても。長方形のブランケットもいわずもがな。巻きスカート風にもショールのようにも使えます。三辺にだけ縁編みをつけたのが、こだわりどころ。

size・49cm×126cm
how to・42...43ページ

H the book of blanket

甘め縁編みプラス、マスキュリンストライプ

ほんの少しの発想で、こんなクールなストライプができちゃいます。でもそこは乙女。両端に縁編みをプラスして、ほんの少し可愛らしさをアピール。もっと細く、長く編んで、マフラーも欲しくなりました。

size・60cm×95cm
how to・45ページ

I the book of blanket

乙女気分高まるスモーキーパッチワーク

スモーキーでニュアンスあるピンク系の色合わせが自慢のパッチワーク風。
パーツの大きさがまちまち、ってところがポイントです。もっと大きさを
バラバラにして、輪郭がデコボコはみ出すようにしても面白いかも。

size・92.4cm×92.4cm
how to・46ページ

J the book of blanket

やさしいドットブラウンに包まれる幸せ

鎖編みで作る立体の水玉柄は、大好きな編み地。やさしい2色のブラウンで、落ち着いた大人のナチュラルさを目指しました。私にとって、この編み地と縁編みの組み合わせは黄金のコンビです。

size・97cm×97cm
how to・47ページ

K the book of blanket

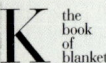

王女さまも愛でる花モチーフ

1段めをベージュと、黒と、色違いの花モチーフを並べました。配置は黒モチーフのほうを中央にしていますが、交互でも、シマシマでも、また違った雰囲気になって素敵と思います。ショールとしても是非使ってもらいたい自信作。

size・約80cm×約80cm
how to・48...49ページ

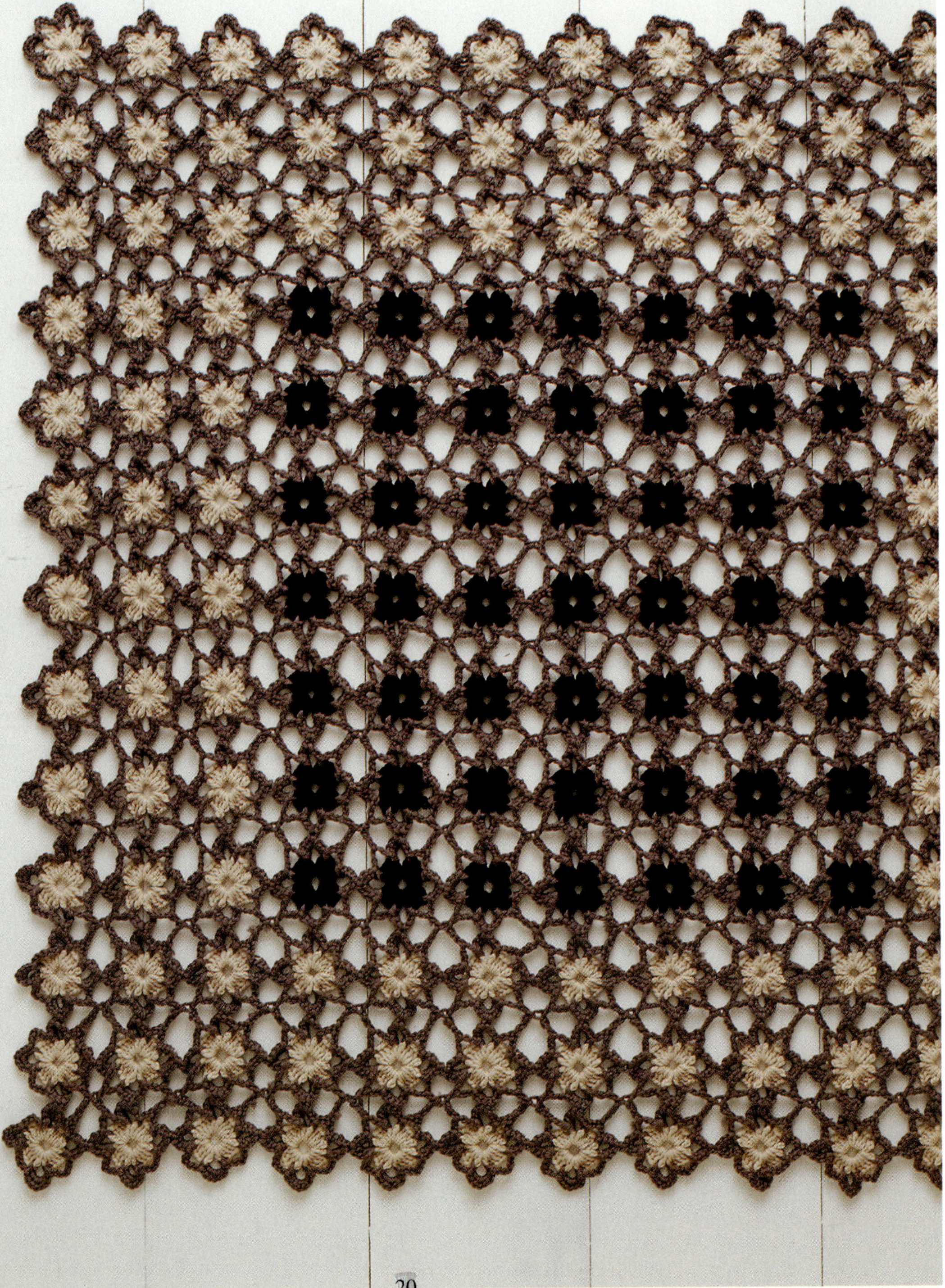

L

伝統的な
ホワイトアランこそ
個性が光る

オフホワイトのアラン編みを嫌いな人はいないでしょう。私は大好きです。毛玉ができてくたくたになっても使いたい、愛すべき定番のブランケットです。

size・86cm×86cm
how to・50...51ページ

M

トラディショナルな
ブロックチェック

配色の妙で、英国トラッドに見える1枚。少年少女の寄宿舎生活を思わせるようです。小さなお友達がいたら、クリスマスプレゼントなんてどうでしょう。はぎ糸には、パーツを編んだのと違う種類を使いました。

size・85cm×85cm
how to・52...53ページ

N the book of blanket

自由の法則、畝編みのフリンジ

糸端をそのままフリンジに残した、畝編みのブランケット。この自由さが「手作りってステキ」と思わせますよね。サイズを変えて、この冬は是非是非マフラーを作りたいです。

size・75cm×75cm（フリンジ含まず）
how to・60ページ

O the book of blanket

冬空色のノルディック風編み込み

窓の外は凍えるように寒いのに、部屋の中はあったか。そんなシーンが似合いそう。中央のドットは表目と裏目の組み合わせでできるヒット柄。でもやっぱり主役はまわりのノルディック風編み込みでしょう。カラフルな配色にしてもかわいいと思います。

size・88cm×88cm
how to・54…55ページ

P the book of blanket

秋の夜長を楽しむヘリンボンストライプ

左右対称に編んだパーツを合わせていくと、あら不思議！　ヘリンボンストライプができ上がりました。外表に合わせてはいでいるので、はぎ目は立体的ですが、スマートな裏側(29ページの写真)もカッコいいです。

size・81.6cm×81.6cm
how to・56...57ページ

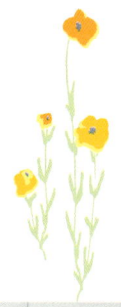

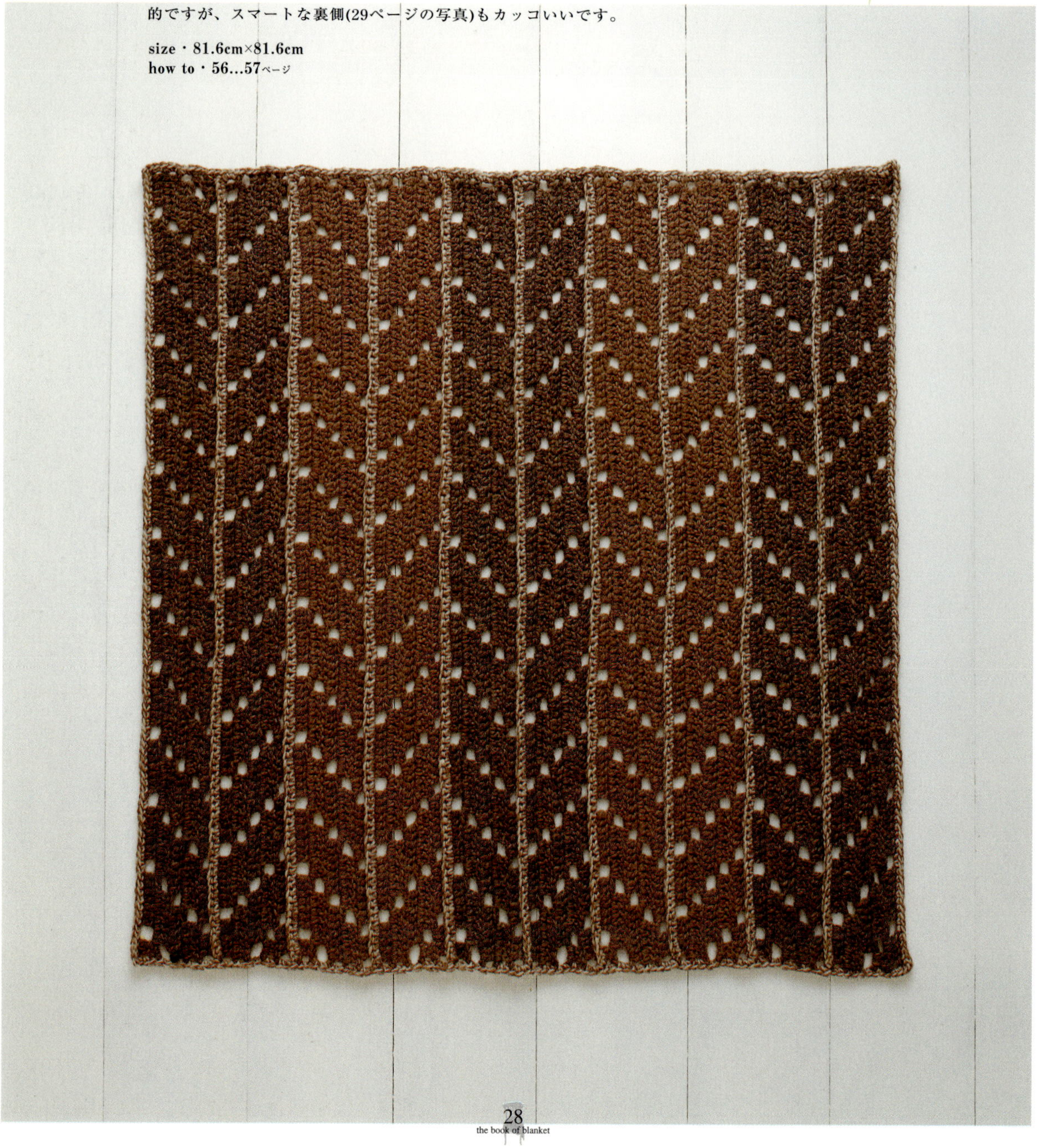

Q the book of blanket

大人がときめくクールな丸チーフ

シンプルだけれども存在感のあるブランケット。私はスタイリッシュな白×黒の組み合わせが好みですが、やわらかい配色も魅力的だと思います。あるいは、カラフルにだとか。タテヨコをきちんと並べるモチーフのつなぎ方でも、また違う印象になると思います。

size・80cm×80cm
how to・58…59ページ

この本で使った毛糸
（ダルマ手編糸）

- プライムメリノ並太
- プライムメリノ合太
- プロヴァンスのメリノ
- シェットランド島の羊
- パフューム
- ミッドナイト
- アンティーク
- カフェキッチン
- カシミアたっち！
- ラムたっち！
- 花がすみ
- ブランケット
- アニマルたっち！
- 冬リネン
- 旅情
- やわらかラム

プライムメリノ並太
オーストラリア産の最高級エクストラファインメリノを100%使用。特殊加工により、さらにバルキー性と肌ざわりの良さをアップした、並太タイプのスタンダードヤーン。
- 毛(エクストラファインメリノ)100%
- 40g玉巻(約86m)
- 色数／全15色
- 税込価格￥504(本体￥480)

プライムメリノ合太
オーストラリア産の最高級エクストラファインメリノを100%使用。特殊加工により、さらにバルキー性と肌ざわりの良さをアップした、かぎ針編みにおすすめの合太タイプのスタンダードヤーン。
- 毛(エクストラファインメリノ)100%
- 30g玉巻(約102m)
- 色数／全12色
- 税込価格￥504(本体￥480)

プロヴァンスのメリノ
プロヴァンス地方で移動牧畜で育てられた希少価値のメリノウールを100%使用。やさしい肌ざわりと弾力性があり、柄がくっきり編み上がる、極太タイプのスタンダードヤーン。
- 毛(メリノ)100%
- 40g玉巻(約60m)
- 色数／全8色
- 税込価格￥504(本体￥480)

シェットランド島の羊
シェットランド島産のキャラクターウールを100%使用。染色せず、羊毛そのものの色(カラードウール)を使用した、ナチュラルテイストの極太タイプのスタンダードヤーン。
- 毛(英国羊毛)100%
- 40g玉巻(約62m)
- 色数／全7色
- 税込価格￥473(本体￥450)

パフューム
肌ざわりの良いソフトなニューアクリルに上等のキッドモヘヤをブレンド。チクつかず、軽く編み上がる、グレイッシュ＆ソフトカラーの並太タイプのモヘヤ。
- アクリル90%・毛(キッドモヘヤ)10%
- 30g玉巻(約96m)
- 色数／全9色
- 税込価格￥473(本体￥450)

ミッドナイト
ソフトなニューアクリルのブークレヤーンにマイクロファイバーナイロン「タクテル」のホーンヤーンを段染めし撚糸した、起ソフトタッチのラグジュアリーなファンシーヤーン。
- アクリル51%・ナイロン49%
- 40g玉巻(約37m)
- 色数／全6色
- 税込価格￥714(本体￥680)

アンティーク
ソフトタッチのニューアクリルを使用。メリヤス編地だけでも味わいのある作品にでき上がる、お手頃価格のシックでアンティークカラーなスラブヤーン。
- アクリル100%
- 40g玉巻(約37m)
- 色数／全8色
- 税込価格￥399(本体￥380)

カフェキッチン
抗菌・防臭効果のある安全性と持久性のある銀イオン配合。従来のアクリル糸とはひと味ちがうナチュラルでソフトなエコロジーカラー。
- アクリル100%
- 25g玉巻(約48m)
- 色数／全17色
- 税込価格￥189(本体￥180)

カシミアたっち！
最上級のホワイトカシミアと超ソフトでなめらかな高品位アクリルをブレンド。かぎ針編みにも最適で、モチーフ編みにも使いやすいカラートーン。
- アクリル80%・カシミア10%・毛10%
- 30g玉巻(約65m)
- 色数／全16色
- 税込価格￥504(本体￥480)

ラムたっち！
「ラムウール」に超ソフト・ニューアクリルをブレンド。ソフトで軽く、スポンディッシュ。ビギナーにも最適な、早く編める太糸タイプ。
- アクリル60%・毛(ラムウール)40%
- 40g玉巻(約58m)
- 色数／全11色
- 税込価格￥399(本体￥380)

花がすみ
超ソフトでなめらかな高品位アクリルスライバーを絣染めして、ブークレヤーンに仕上げた、軽くてやさしい肌ざわりのデリケートな植物カラーのフェミニン素材。
- アクリル85%・ナイロン15%
- 40g玉巻(約48m)
- 色数／全7色
- 税込価格￥609(本体￥580)

ブランケット
マイクロバルキーアクリルと異型断面アクリルを絶妙にブレンドしたニューアクリルを使用。かろやか、やわらか、ふんわりの快適素材。
- アクリル100%
- 40g玉巻(約40m)
- 色数／全9色
- 税込価格￥399(本体￥380)

アニマルたっち！
超マイクロファイバー・ナイロン「タクテル®」を使用、毛足が長く超ソフトタッチ、アニマルカラーがおしゃれな、早く編めるファンシーヤーン。
- ナイロン87%・アクリル13%
- 40g玉巻(約30m)
- 色数／全8色
- 税込価格￥714(本体￥680)

冬リネン
トレンド素材「ウインターリネン」。フレンチリネンをミックスし、今までにないラスティック感のある、さわやかでどこか懐かしい手ざわり。ノスタルジックなメランジカラーで展開。
- 毛40%・麻(リネン)30%・アクリル30%
- 40g玉巻(約54m)
- 色数／全7色
- 税込価格￥504(本体￥480)

旅情
超ソフト・ニューアクリルを使用。今までにないソフト感とライト感のブークレヤーン。ノスタルジックなメランジカラーとミックスカラーのバリエーション。
- アクリル85%・ナイロン15%
- 40g玉巻(約38m)
- 色数／全18色
- 税込価格￥504(本体￥480)

やわらかラム
「ラムウール」と超ソフト・ニューアクリルをブレンド。ソフトで軽く、スポンディッシュ。色数豊富でベビー＆キッズにも最適。
- アクリル60%・毛(ラムウール)40%
- 30g玉巻(約103m)
- 色数／全18色
- 税込価格￥399(本体￥380)

---

the book of blanket

★毛糸についてのお問い合わせは…

横田株式会社
- 大阪本社　tel.06-6251-2183
- 東京支社　tel.03-3861-2971
- 通信販売係　tel.06-6251-2183

http://www.daruma-ito.co.jp/

＊表示標準価格、色数は2007年10月現在のものです。

A

夜空にきらめく色とりどりのモチーフスター

size・99cm×99cm
photo・2&3ページ

●糸

[カフェキッチン]黒(17)320g、レッドパープル(14)60g、生成(1)55g、ソフトオレンジ(5)・グリーン(8)・水色(9)各35g、ライトブラウン(3)・ブラウン(4)各20g、赤(15)15g

●用具

6/0号かぎ針

●編み方ポイント

・モチーフは糸端をわにし、図のように糸を変えて編みます。
・2枚めからは4段めでつなぎながら編み、3枚×3枚の9枚をつなぎ合わせて1ブロックを作ります。同様に8ブロック作ります。

モチーフつなぎ（モチーフ9枚）

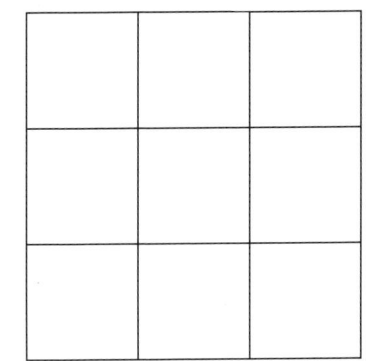

※モチーフ9枚を1ブロックとし、ブロックを9枚作る

配色

モチーフ	1段	2段	3・4段
A	生成	レッドパープル	黒
B	ブラウン	水色	黒
C	レッドパープル	生成	黒
D	グリーン	ソフトオレンジ	黒
E	赤	ライトブラウン	黒
F	水色	ブラウン	黒
G	赤	生成	黒
H	ソフトオレンジ	グリーン	黒
I	生成	レッドパープル	黒

ブロックつなぎ

99cm(3ブロック)×99cm(3ブロック)

モチーフ

11cm

○ ＝鎖編み
✕ ＝細編み
┬ ＝長編み
♦ ＝長編み3目の玉編み

B the book of blanket

永く大切に使いたいレトロスタンダード

size・86cm×86cm
photo・4&5ページ

●糸
[パフューム]生成(2) 280g
●用具
5/0号かぎ針

●編み方ポイント
・モチーフは鎖6目をわにし、図のように編みます。
・2枚めからは最終段で引き抜き編みでつなぎながら編みます。
・まわりに縁編みを編みます。

B

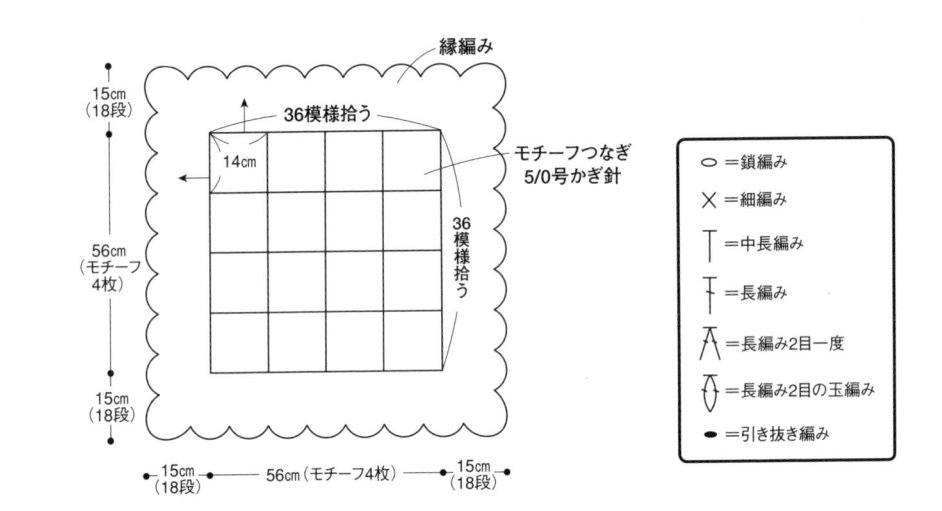

縁編み
36模様拾う
14cm
モチーフつなぎ 5/0号かぎ針
36模様拾う
15cm(18段) / 56cm(モチーフ4枚) / 15cm(18段)
15cm(18段) — 56cm(モチーフ4枚) — 15cm(18段)

○	=鎖編み
×	=細編み
T	=中長編み
ꖉ	=長編み
⋀	=長編み2目一度
⬥	=長編み2目の玉編み
=	=引き抜き編み

C

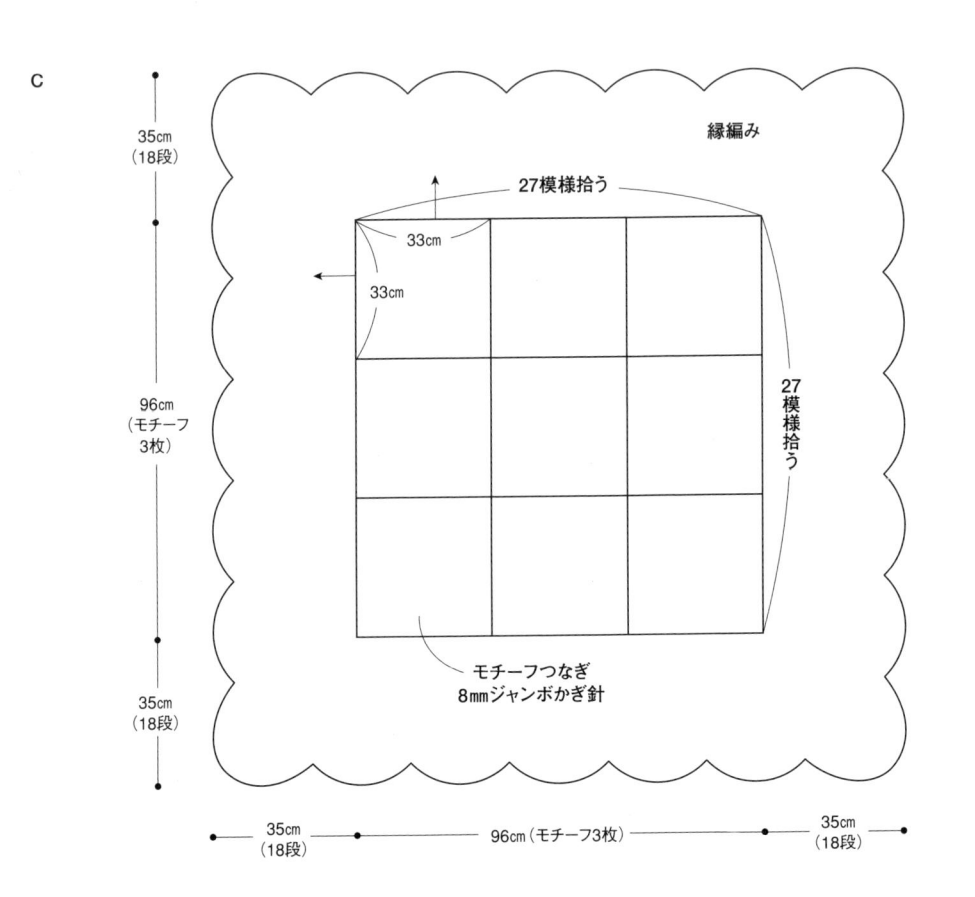

縁編み
27模様拾う
33cm
33cm
27模様拾う
モチーフつなぎ 8mmジャンボかぎ針
35cm(18段) / 96cm(モチーフ3枚) / 35cm(18段)
35cm(18段) — 96cm(モチーフ3枚) — 35cm(18段)

C the book of blanket

大きな大きな頼れるブラウン

size・166cm×166cm
photo・6&7ページ

●糸
[ブランケット]こげ茶(5) 1300g

●用具
8mmジャンボかぎ針

●編み方ポイント
・モチーフは鎖6目をわにし、図のように編みます。
・2枚めからは最終段で引き抜き編みでつなぎながら編みます。
・まわりに縁編みを編みます。

△=糸をつける
▲=糸を切る

モチーフのつなぎ方と編み方(B・C共通)

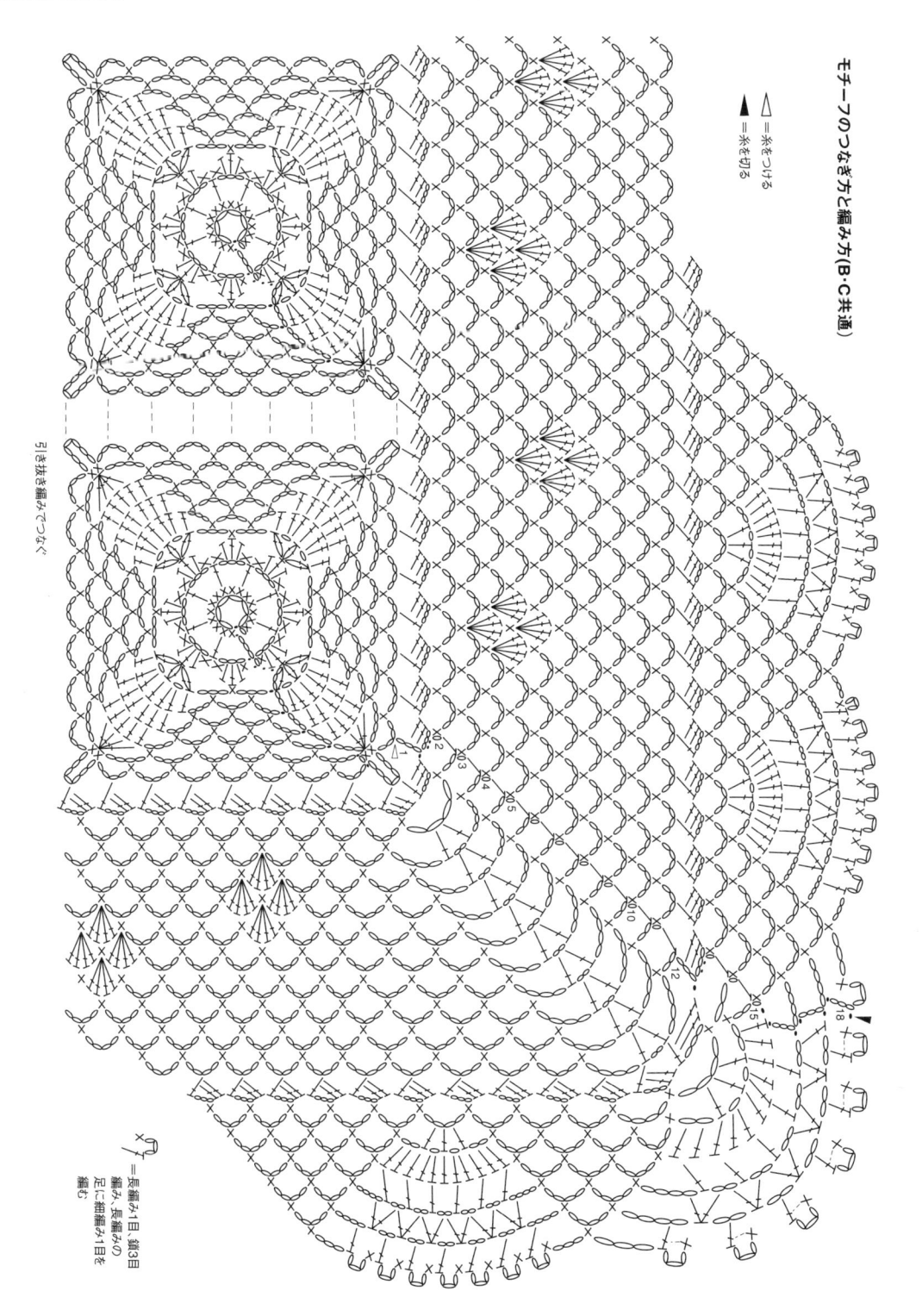

引き抜き編みでつなぐ

×7=長編み1目、3目
編み、長編みの
足に細編み1目を
編む

E the book of blanket

きりりと香り立つオペラピンクのモチーフ

size・80cm×80cm
photo・10ページ

●糸
[プライムメリノ合太]レッドパープル(9) 280g

●用具
4/0号かぎ針

●編み方ポイント
・モチーフAは糸端をわにし、鎖3目で立ち上がり、わの中に長編みを19目編み入れます。
・3段めからは図のように編み、7段めで引き抜き編みでつなぎます。
・モチーフBは鎖8目をわにします。
・2段めからは図のように編み、モチーフAと4カ所でつなぎます。

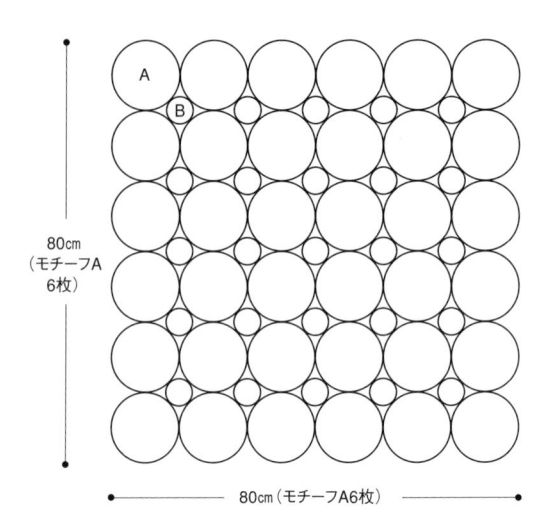

モチーフA(36枚)

モチーフB(25枚)

モチーフのつなぎ方   ← - - - 矢印の先に引き抜き編みでつなぐ

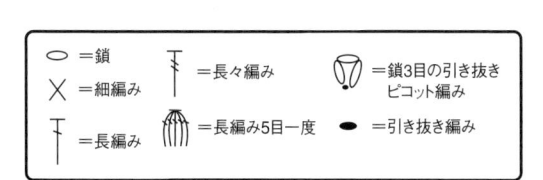

○ =鎖	┬ =長々編み	⏃ =鎖3目の引き抜きピコット編み
✕ =細編み		
┼ =長編み	⏄ =長編み5目一度	● =引き抜き編み

F the book of blanket

緑の精の弾けるようなモチーフつなぎ

size・約70cm×約140cm
photo・11ページ

●糸
[ラムたっち！]グリーン(5) 150g、[冬リネン]モスグリーン(5) 150g、[やわらかラム]黄緑(9) 60g、ソフトオリーブ(17)・ソフトグリーン(18) 各50g、[プライムメリノ合太]グリーン(5) 30g

●用具
8/0号・4/0号かぎ針

●編み方ポイント
・モチーフAは指定の糸でそれぞれ編みます。
・大・中・小は糸端をわにし、わの中に長編みを20目編み入れます。
・各モチーフを配置図を参照して並べ、接したところをとじ針ではぎます。
・大きくあいた部分をモチーフBの鎖目を調節しながら、モチーフAとつなぎます。

モチーフ配置図

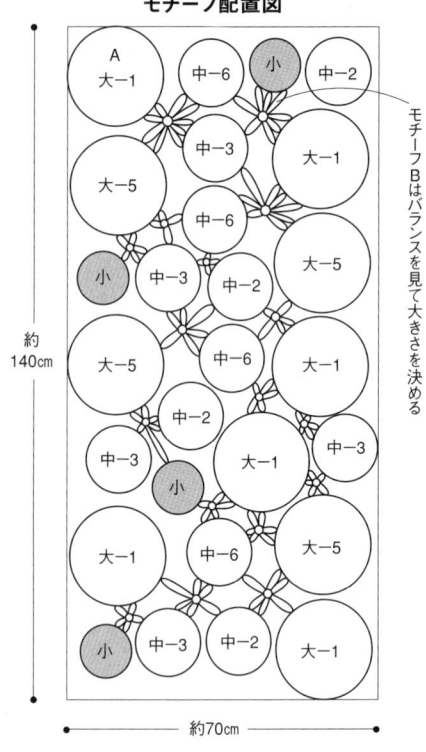

約140cm × 約70cm

モチーフBはバランスを見て大きさを決める

モチーフAの配色

種類	糸	枚数
大-1	ラムたっち！(5)	6枚
大-5	冬リネン(5)	4枚
中-2	やわらかラム(17)	4枚
中-3	やわらかラム(9)	5枚
中-6	やわらかラム(18)	4枚
小-4	プライムメリノ合太(5)	4枚

◯ =鎖編み
X =細編み
T =長編み
=鎖3目の引き抜きピコット編み
● =引き抜き編み

モチーフA

大=8/0号かぎ針
中・小=4/0号かぎ針

大=約25cm
中=約16cm
小=約14cm

モチーフB

黄緑 4/0号かぎ針

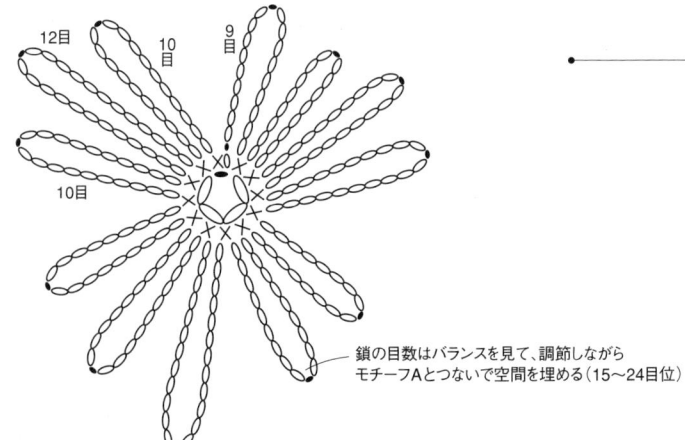

鎖の目数はバランスを見て、調節しながらモチーフAとつないで空間を埋める（15〜24目位）

モチーフのつなぎ方　　　------ =とじ針ではぐ位置
　　　　　　　　　　　　　　　（バランスを見て決める）

モチーフA

モチーフB

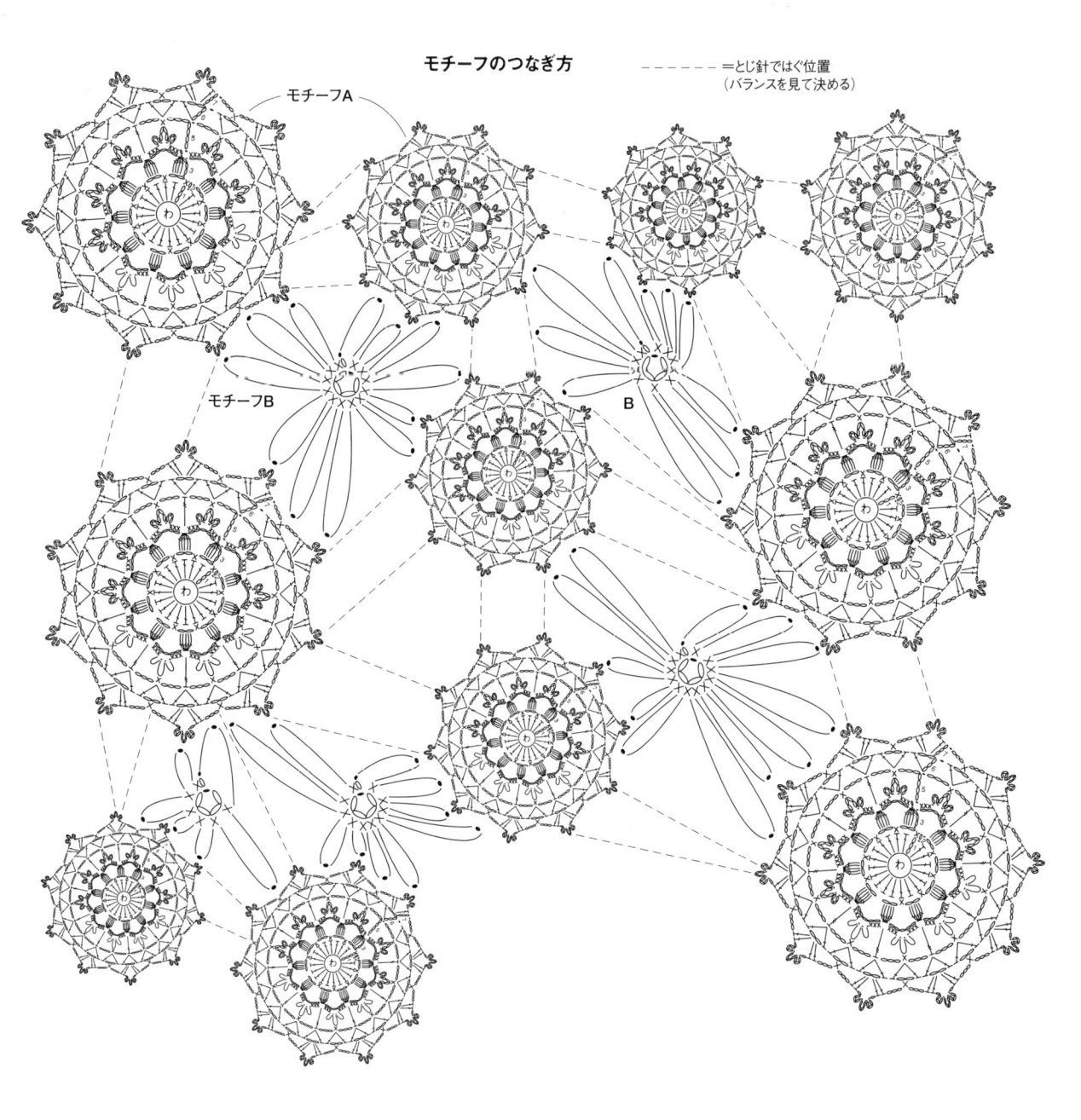

B

つなぎ方順序
① 配置図を参照してモチーフAを並べ、接した所をはぐ
② モチーフの空間をモチーフBで編みながらつなぐ
　（つなぐ位置は6、10、12ヵ所とバランスを見て調節する）

G キュンとかわいい長方形のトラッド

size・49cm×126cm
photo・12&13ページ

●糸
[プロヴァンスのメリノ]ダークブルー(5) 560g

●用具
9号棒針、7/0号かぎ針

●編み方ポイント
・共糸の鎖編みの作り目で目を作り、模様編みA・Bで図のように増減なしで編みますが、B側の端はすべり目で目を整えます。
・図のように三辺に縁編みを編みます。

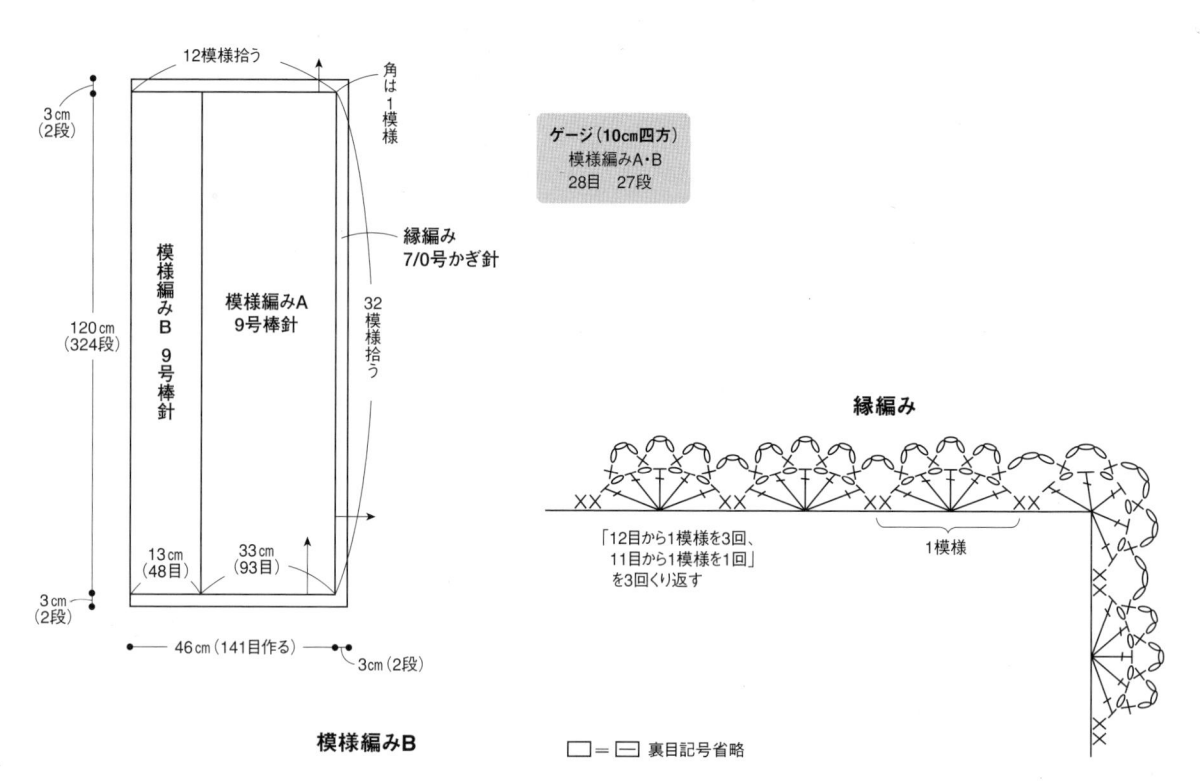

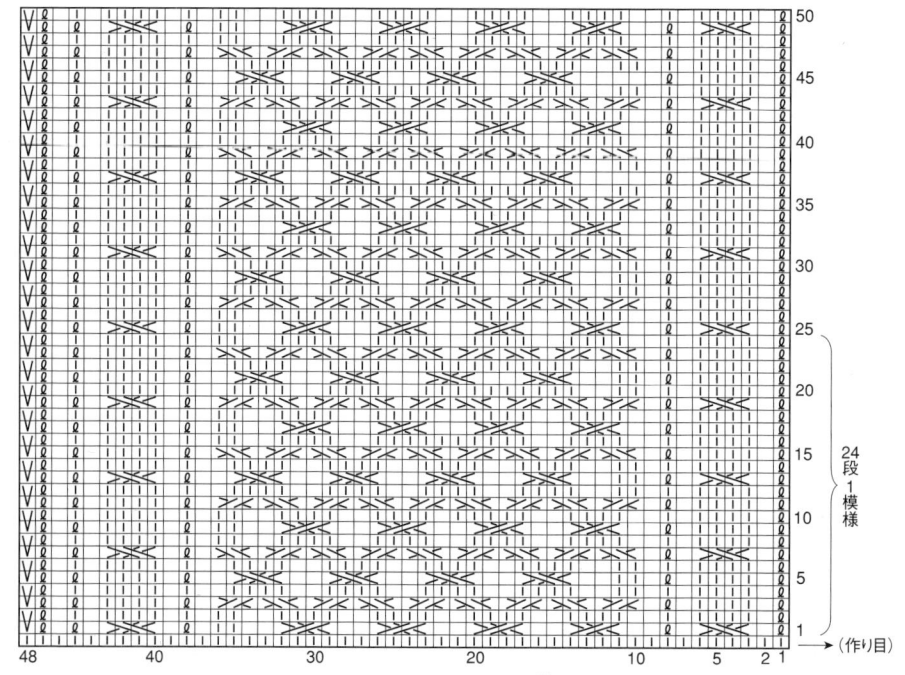

ゲージ(10cm四方)
模様編みA・B
28目 27段

縁編み

「12目から1模様を3回、
11目から1模様を1回」
を3回くり返す

模様編みB

□ = ⊟ 裏目記号省略

24段1模様

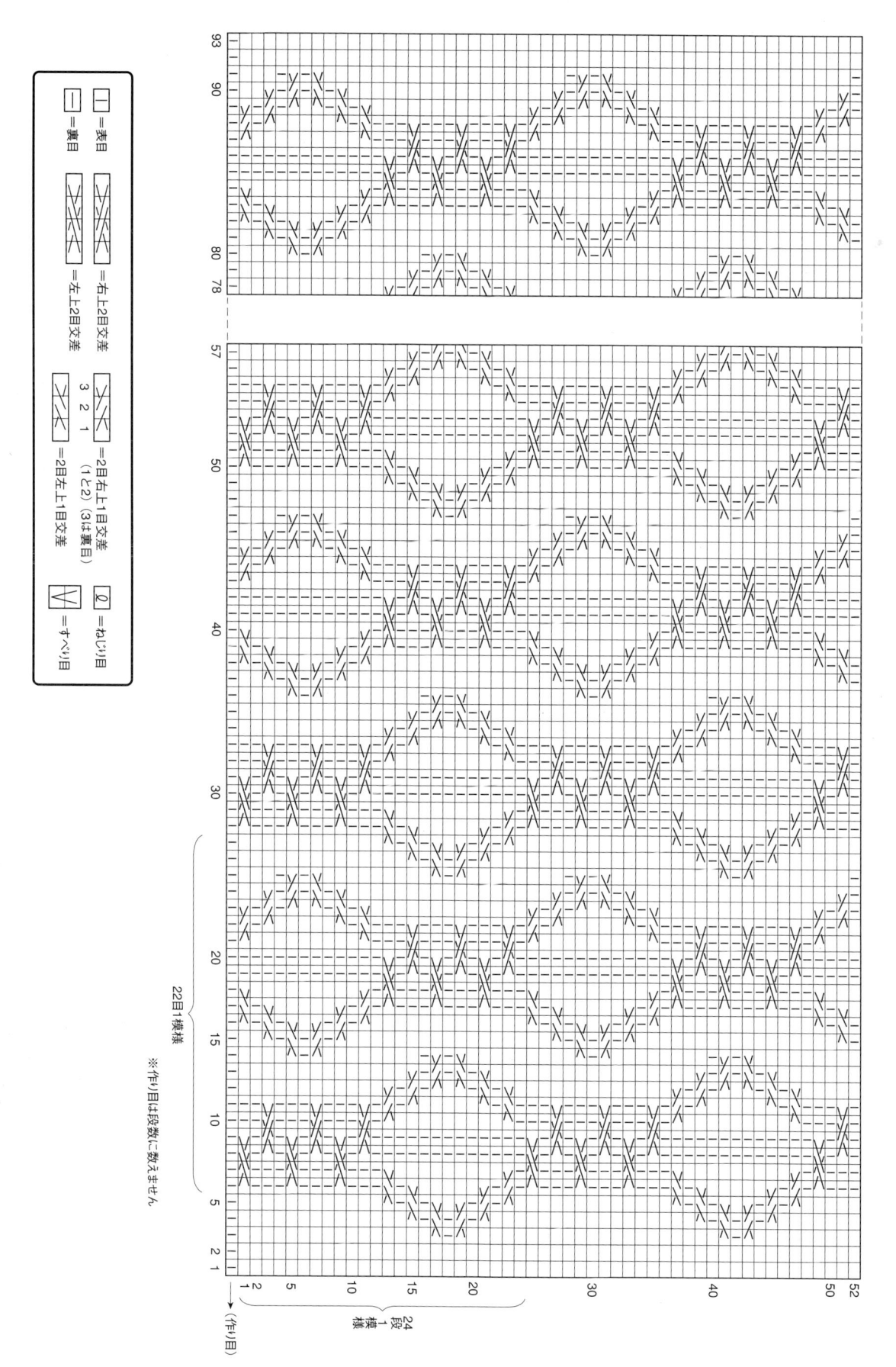

模様編みA

□ = 裏目記号省略

□ = 表目
□ = 裏目
⟨⟨ = 右上2目交差
⟩⟩ = 左上2目交差
⟩⟨ = 右上1目交差
⟨⟩ = 左上1目交差
 3 2 1
(1と2)(3は裏目)
= 2目右上1目交差
= 2目左上1目交差

Q = ねじり目
V = すべり目

22目1模様
24段1模様

※作り目は段数に数えません
(作り目)

D the book of blanket

ハンサムシックなイレギュラーストライプ

size・90cm×90cm
photo・8&9ページ

●糸
[アンティーク]オリーブ(6) 300g、ペールベージュ(2) 200g、黒(8) 100g

●用具
15号棒針、12/0号かぎ針

●編み方ポイント
・かぎ針の作り目で目を作り、糸を変えてガーター編みを4段編みます。
・続けてメリヤス編みの縦縞(両端は1目ゴム編み)で図のようにまっすぐ編みます。
・最後は4段をガーター編みで編み、伏せ止めます。

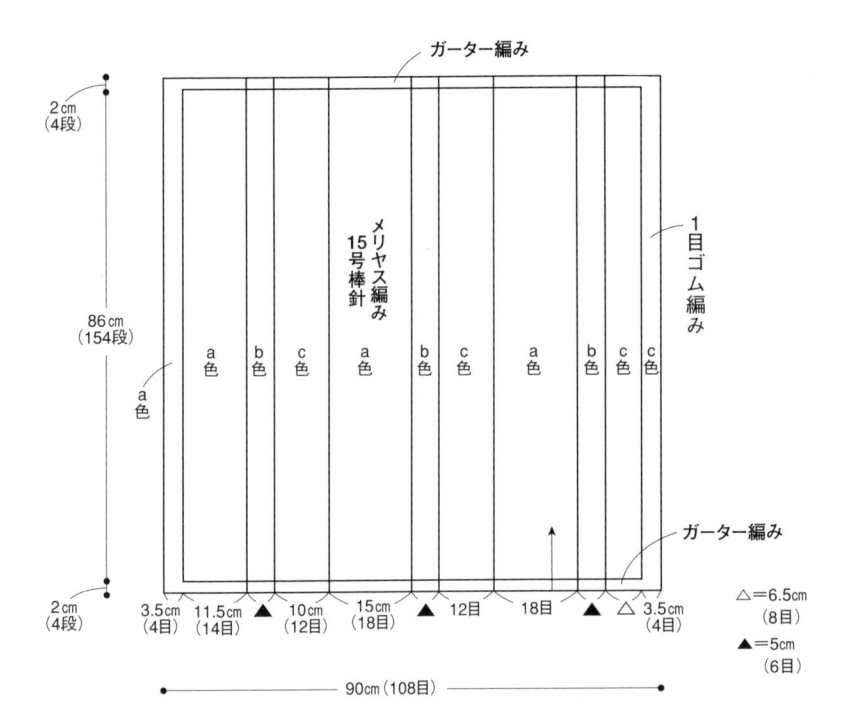

ゲージ(10cm四方)
メリヤス編み
12目 18段

配色

a色	オリーブ
b色	黒
c色	ペールルージュ

△=6.5cm (8目)
▲=5cm (6目)

1目ゴム編みとガーター編み

□ = □ 表目記号省略

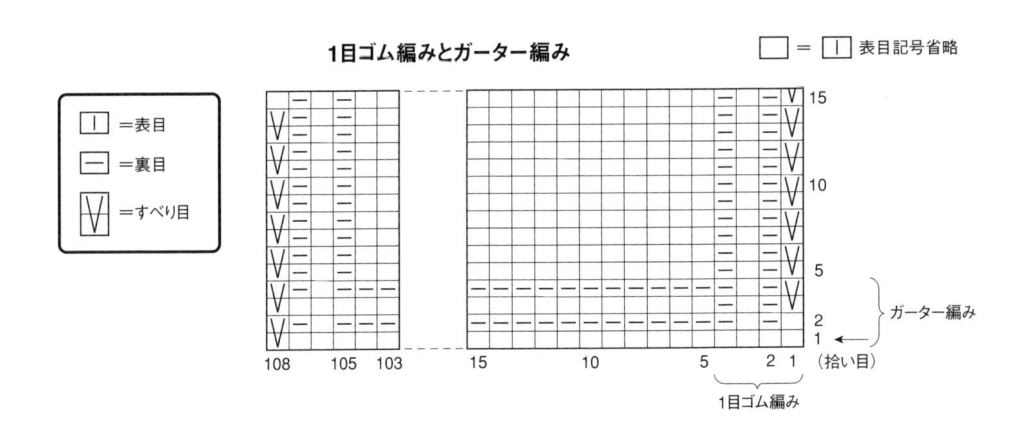

| = 表目
— = 裏目
V = すべり目

甘め縁編みプラス、マスキュリンストライプ

size・60cm×95cm
photo・14&15ページ

●糸
[プロヴァンスのメリノ] ダークグリーン(4) 230g、
生成(1) 210g

●用具
9号棒針、7/0号かぎ針

●編み方ポイント
・一般的な作り目で目を作り、2色の模様編みで図のように編みます。
・縁編みを3段編みます。

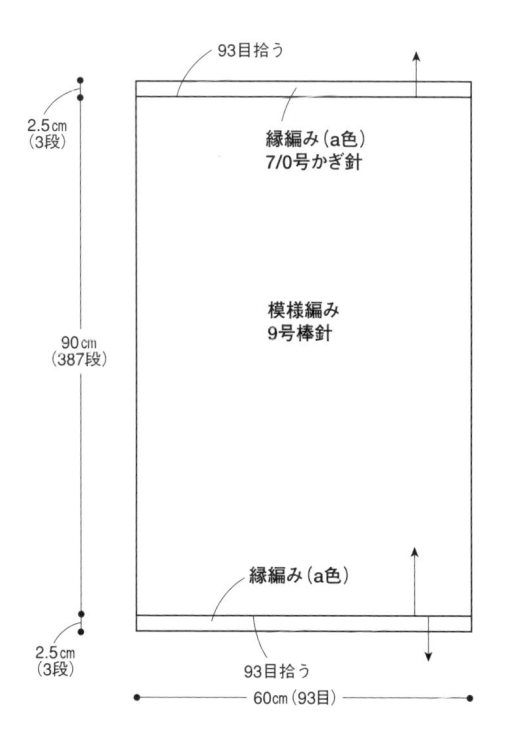

2.5cm(3段)
93目拾う
縁編み(a色) 7/0号かぎ針
模様編み 9号棒針
90cm(387段)
縁編み(a色)
93目拾う
2.5cm(3段)
60cm(93目)

ゲージ(10cm四方)
模様編み
15.5目　43段

配色
a色	ダークグリーン
b色	生成

縁編み

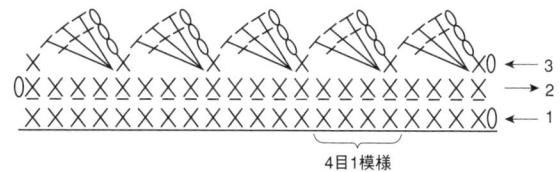

4目1模様

模様編み

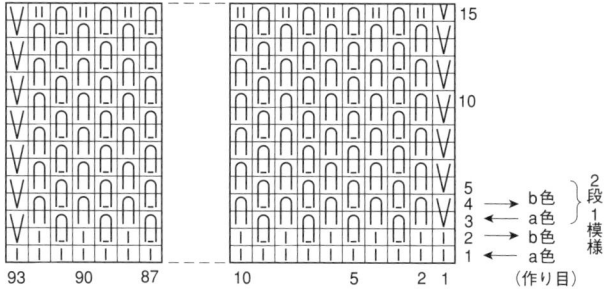

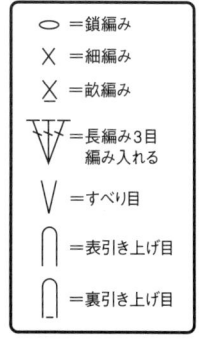

93　90　87　　10　5　2　1 (作り目)

5　b色
4　b色
3　a色
2　a色
1　a色

2段1模様

○ =鎖編み
× =細編み
× =畝編み
∨ =長編み3目編み入れる
V =すべり目
∩ =表引き上げ目
∩ =裏引き上げ目

I 乙女気分高まるスモーキーパッチワーク

size・92.4cm×92.4cm
photo・16&17ページ

●糸
[カシミアたっち!] スモークオレンジ(5)185g、灰茶(4)110g、ワイン(12)95g、ピンク(10)・ローズ(11) 各70g

●用具
6/0号かぎ針

●編み方ポイント
・パーツは鎖編みの作り目で目を作り、図のように指定の糸と寸法で編みます。
・各パーツを図のように配置し、巻きとじでとじ合わせます(目と目のはぎ目は半目ずつすくう)。
・まわりに縁編みを3段編みます。

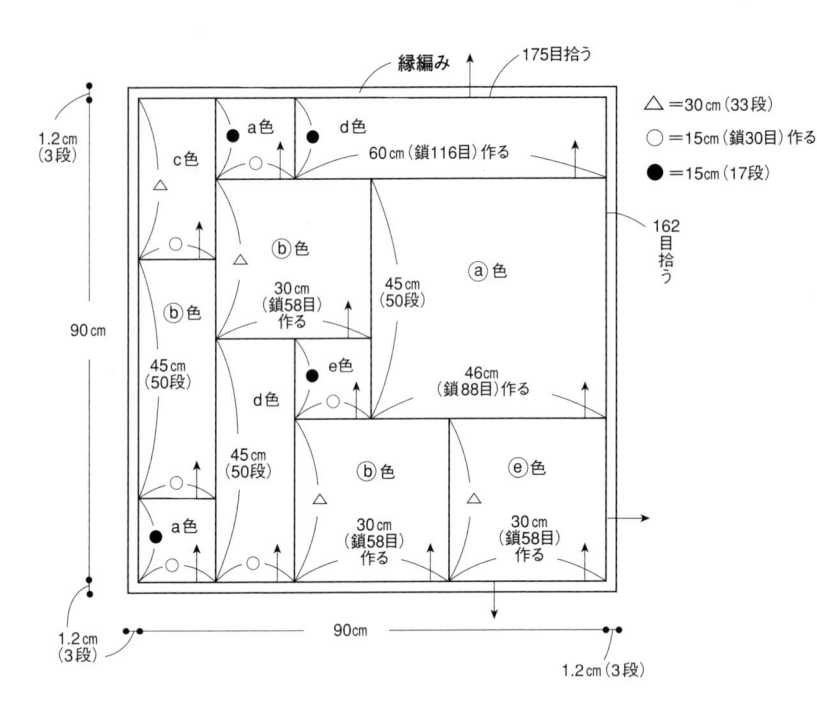

ゲージ(10cm四方)
模様編み
19目 11段

△=30cm(33段)
○=15cm(鎖30目)作る
●=15cm(17段)

配色
a・ⓐ色	灰茶
ⓑ色	スモークオレンジ
c色	ピンク
d色	ワイン
e・ⓔ色	ローズ

模様編み

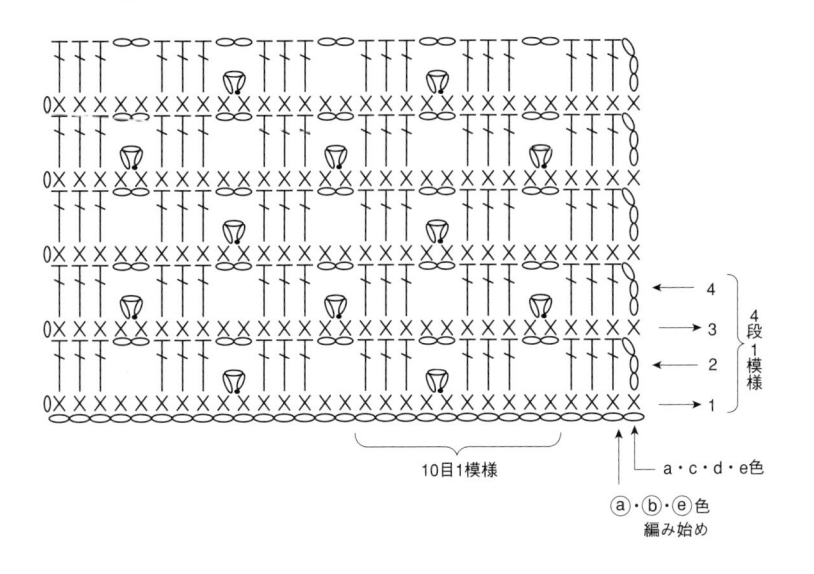

縁編み

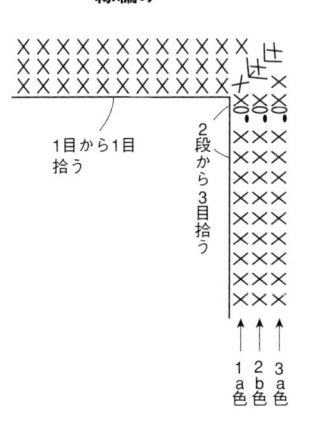

記号
○	=鎖編み
×	=細編み
┬	=長編み
◉	=鎖3目の引き抜きピコット編み
⋎	=細編み2目編み入れる
⋏	=細編み3目編み入れる

J やさしいドットブラウンに包まれる幸せ

size・97cm×97cm
photo・18&19ページ

●糸
[プロヴァンスのメリノ]ブラウングレー(7) 580g、ダークブラウン(3) 70g
●用具
7/0号かぎ針

●編み方ポイント
・鎖124目作り目し、模様編みで増減なしで78段編みます。
・まわりに縁編みを4段編みます。

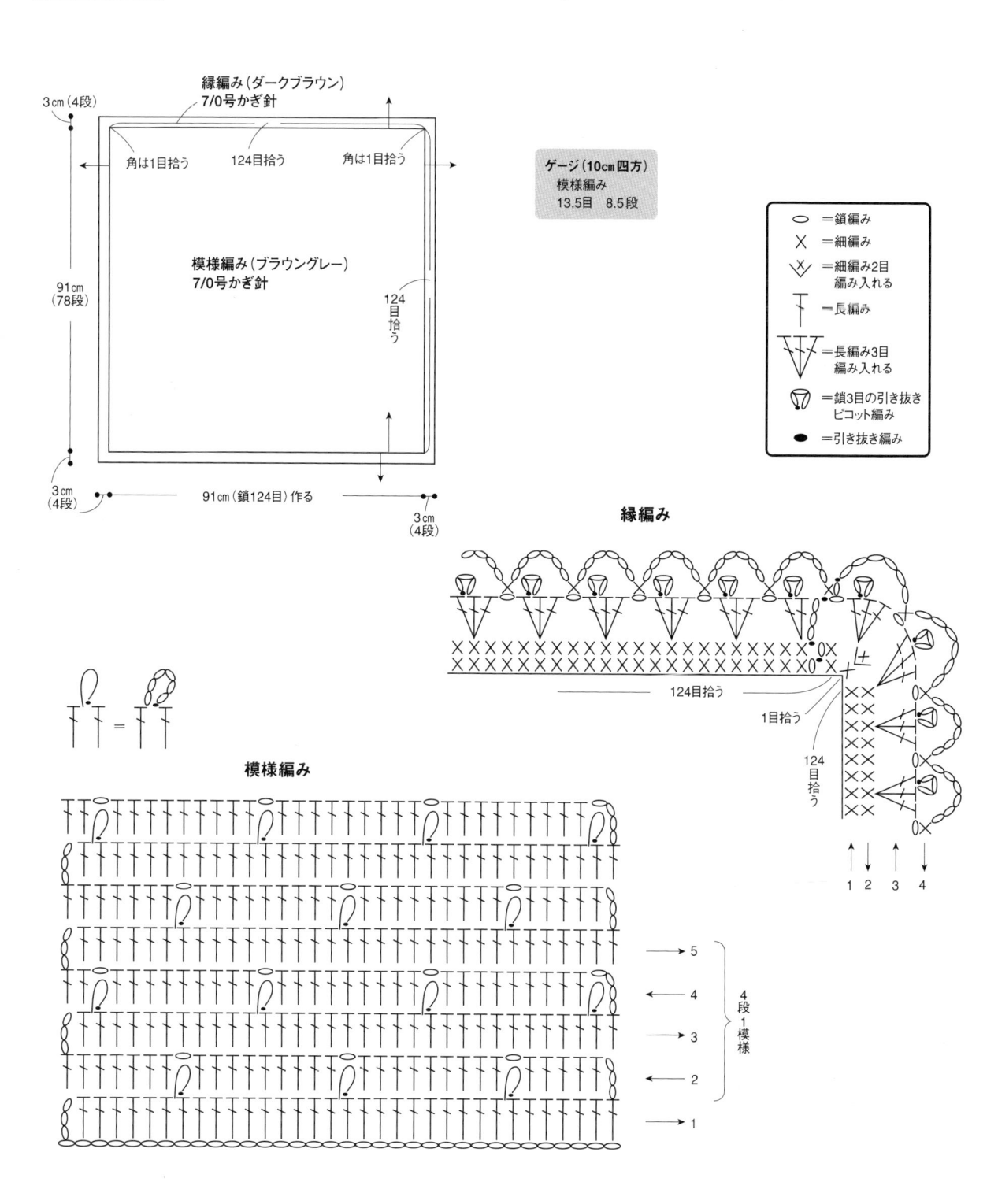

縁編み(ダークブラウン) 7/0号かぎ針
角は1目拾う　124目拾う　角は1目拾う
3cm(4段)
91cm(78段)　模様編み(ブラウングレー) 7/0号かぎ針　124目拾う
3cm(4段)　91cm(鎖124目)作る　3cm(4段)

ゲージ(10cm四方)
模様編み
13.5目　8.5段

○=鎖編み
×=細編み
=細編み2目編み入れる
=長編み
=長編み3目編み入れる
=鎖3目の引き抜きピコット編み
●=引き抜き編み

縁編み
124目拾う
1目拾う
124目拾う
1　2　3　4

模様編み
5
4　4段1模様
3
2
1

K the book of blanket

王女さまも愛でる花モチーフ

size・80cm×80cm
photo・20&21ページ

●糸
[プライムメリノ並太] ブラウングレー(12) 170g、ベージュ(2) 120g、黒(15) 50g

●用具
●/0号かぎ針

●編み方ポイント
・モチーフは鎖6目でわにし、図のように編みます。
・2枚めからは2段めでつなぎながら編みます(A=120枚、B=49枚)。
・モチーフつなぎの間に糸をつけ、図のように長編みで埋めます。

モチーフ配置図

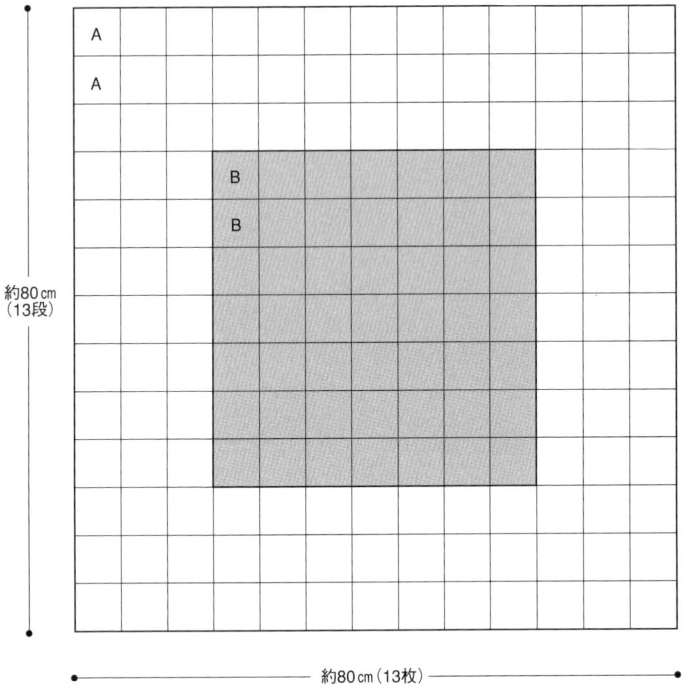

約80cm(13段) × 約80cm(13枚)

配色

	モチーフA	モチーフB
2段	ブラウングレー	ブラウングレー
1段	ベージュ	黒

モチーフA・B

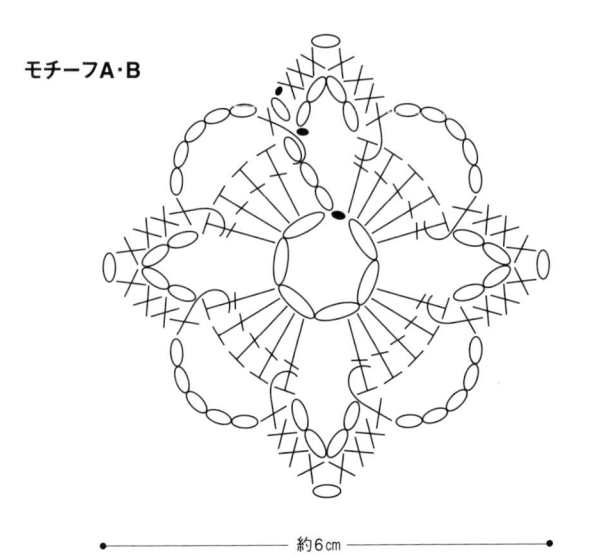

約6cm

つなぎ方の始末

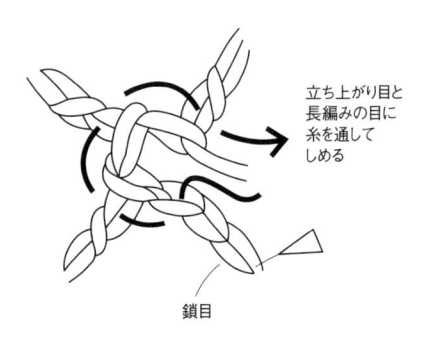

立ち上がり目と長編みの目に糸を通してしめる

鎖目

モチーフのつなぎ方と空間の埋め方

△ = ブラウングレーの糸をつける

空間を埋める

引抜き編みでつなぐ

L

伝統的なホワイトアランこそ個性が光る

size・86cm×86cm
photo・22&23ページ

●糸
[プライムメリノ並太] 生成(1) 450g

●用具
9号棒針、6/0号かぎ針

●編み方ポイント
・一般的な作り目で目を作り、模様編みA〜Cで図のように編みます。
・まわりに縁編みを3段編みます。

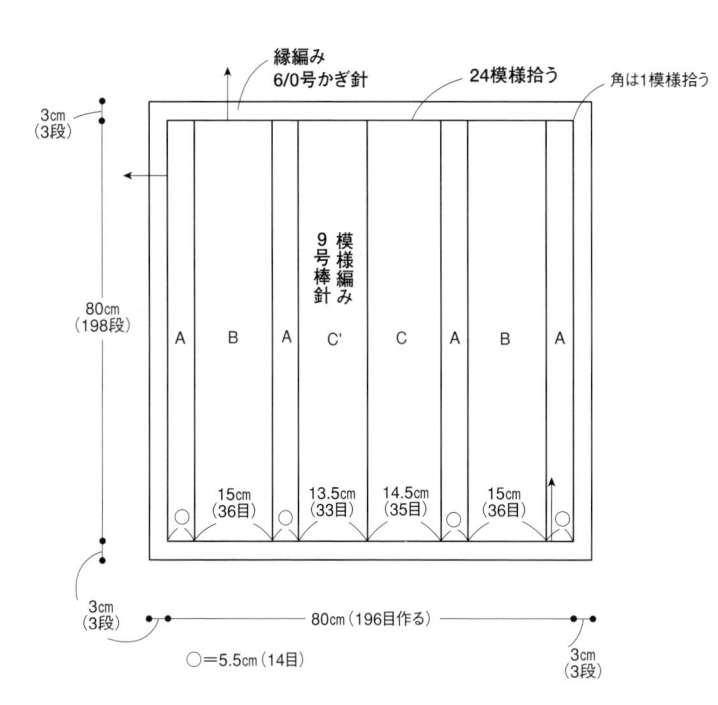

縁編み 6/0号かぎ針
24模様拾う
角は1模様拾う

3cm (3段)

80cm (198段)

A B A C' C A B A
模様編み 9号棒針

15cm (36目)　13.5cm (33目)　14.5cm (35目)　15cm (36目)

3cm (3段)
80cm (196目作る)
3cm (3段)
○＝5.5cm (14目)

ゲージ (10cm四方)
模様編みA　25.5目　24.5段
模様編みB　24目　24.5段
模様編みC・C'　25目　24.5段

模様編みA

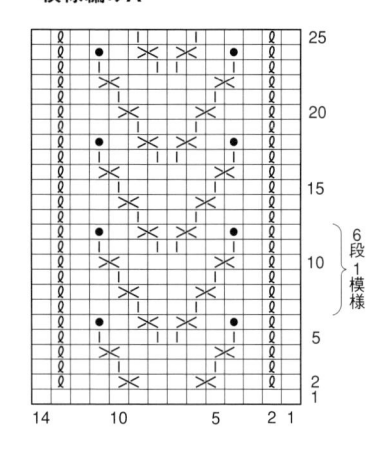

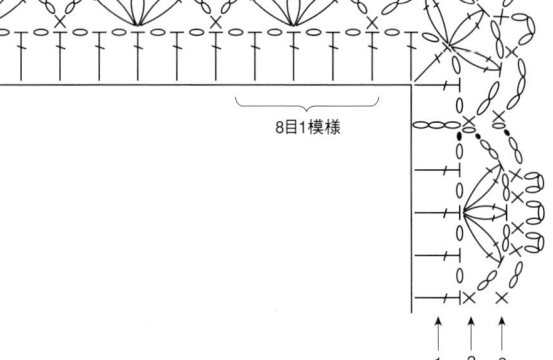

6段1模様

14　10　5　2 1

縁編み

8目1模様

1　2　3

□ = — 裏目記号省略

● =

模様編みB

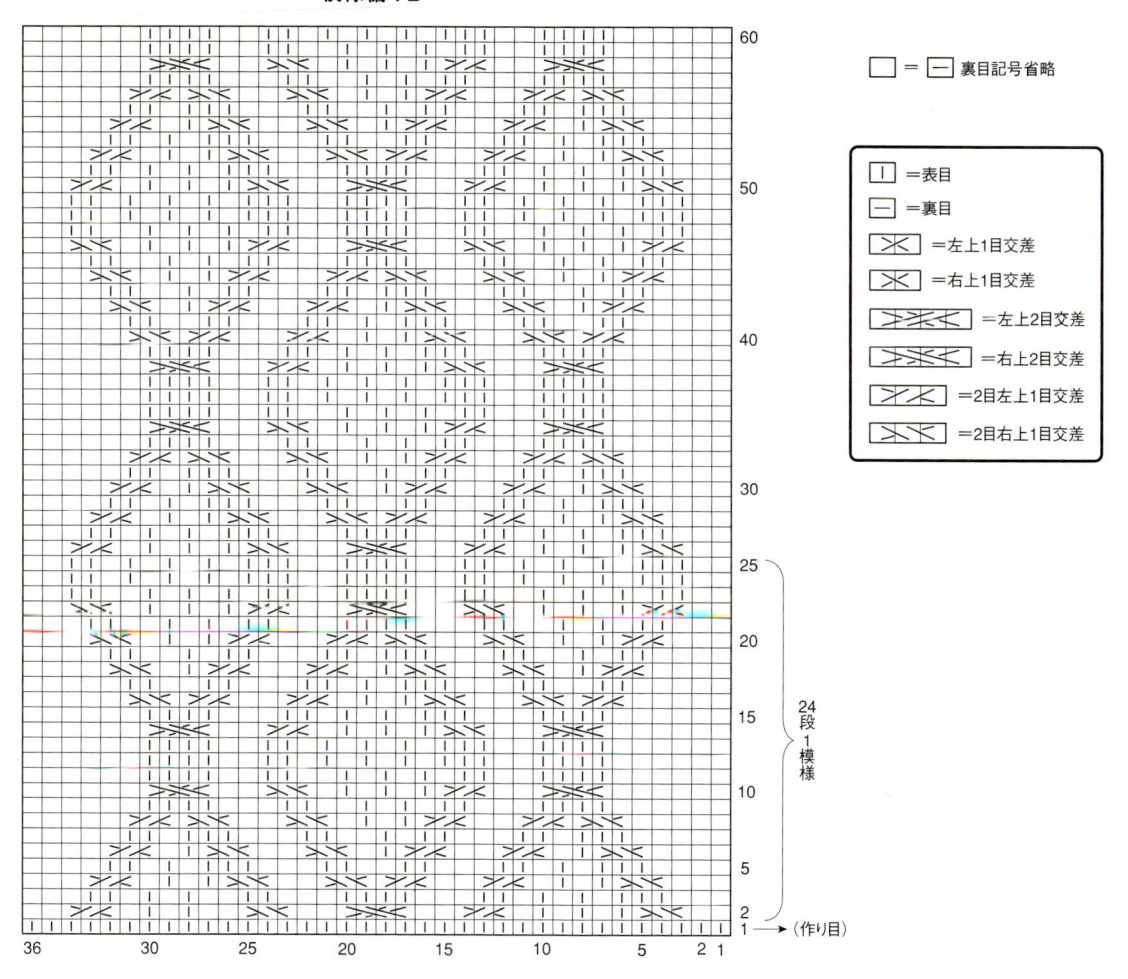

模様編みC・C'

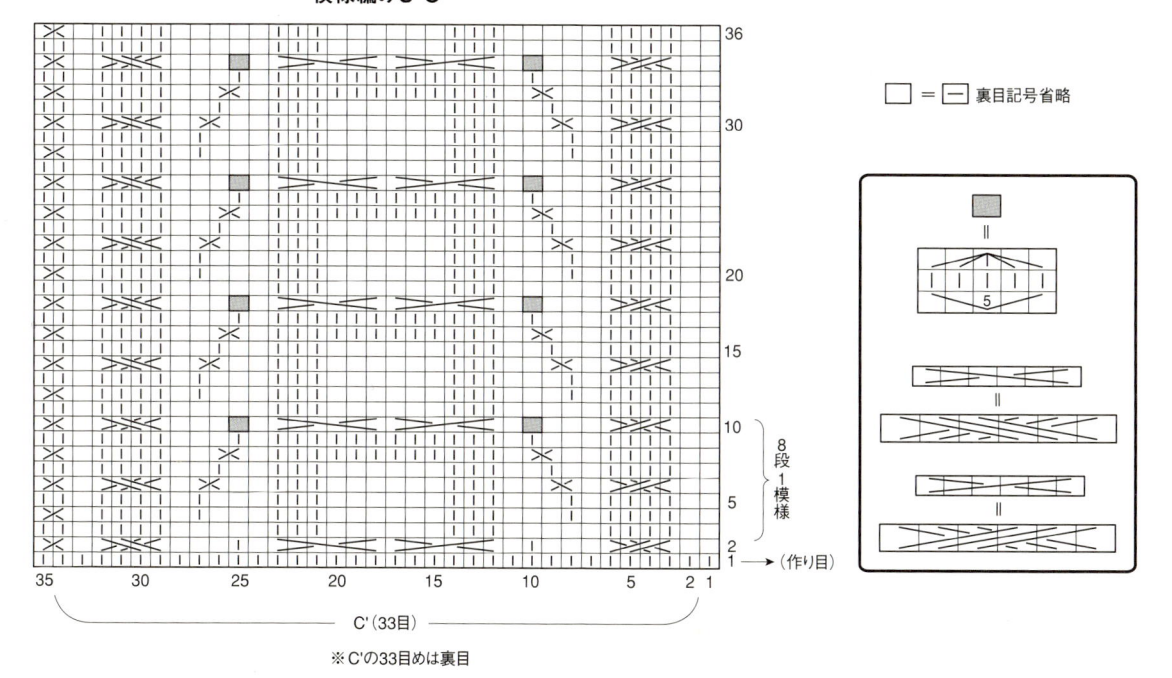

□ = □ 裏目記号省略

| = 表目
− = 裏目
= 左上1目交差
= 右上1目交差
= 左上2目交差
= 右上2目交差
= 2目左上1目交差
= 2目右上1目交差

24段1模様

8段1模様

※C'の33目めは裏目

トラディショナルなブロックチェック

size・85cm×85cm
photo・22&23ページ

●糸
[ラムたっち！]えんじ(7)・紺(8)各240g、[やわらかラム]グレー(11)95g

●用具
10号棒針、7/0号かぎ針

●編み方ポイント
・モチーフは一般的な作り目で目を作り、モチーフ①は模様編みA、モチーフ②は模様編みBでそれぞれ図のように編みます。
・モチーフのまわりにグレーで細編みを編みます。
・①と②のモチーフを外表に合わせ、引き抜き編みでとじ合わせ、図のように配置します。
・まわりにグレー2本取りで細編みを編みます。

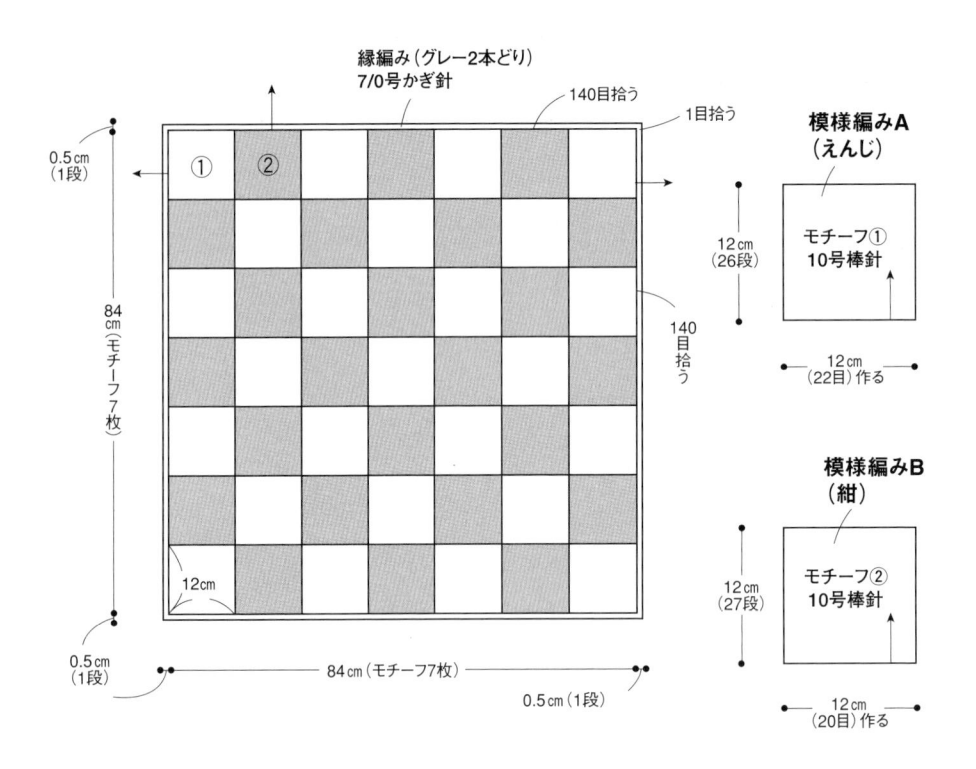

縁編み(グレー2本どり) 7/0号かぎ針
140目拾う
1目拾う
0.5cm(1段)
①　②
12cm(26段)
140目拾う
84cm(モチーフ7枚)
12cm
0.5cm(1段)

模様編みA (えんじ)
モチーフ① 10号棒針
12cm(22目)作る

模様編みB (紺)
モチーフ② 10号棒針
12cm(27段)
12cm(20目)作る

モチーフの縁編み

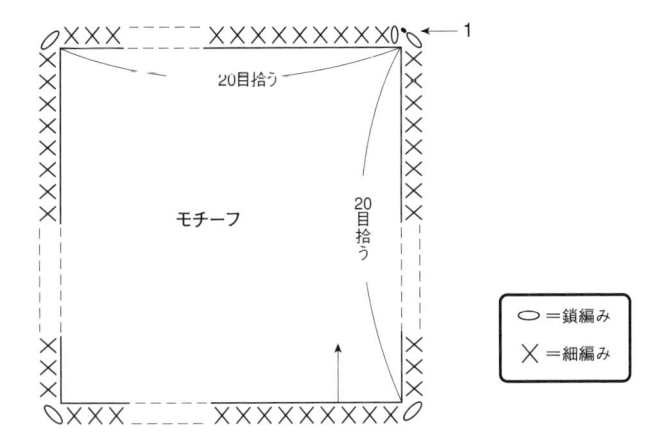

20目拾う
20目拾う
モチーフ

○＝鎖編み
×＝細編み

※モチーフは外表に合わせ、引き抜き編みでとじ合わせる

ゲージ(10cm四方)
模様編みA
18.5目　21.5段
模様編みB
16.5目　22.5段

模様編みA

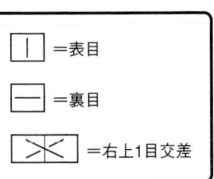

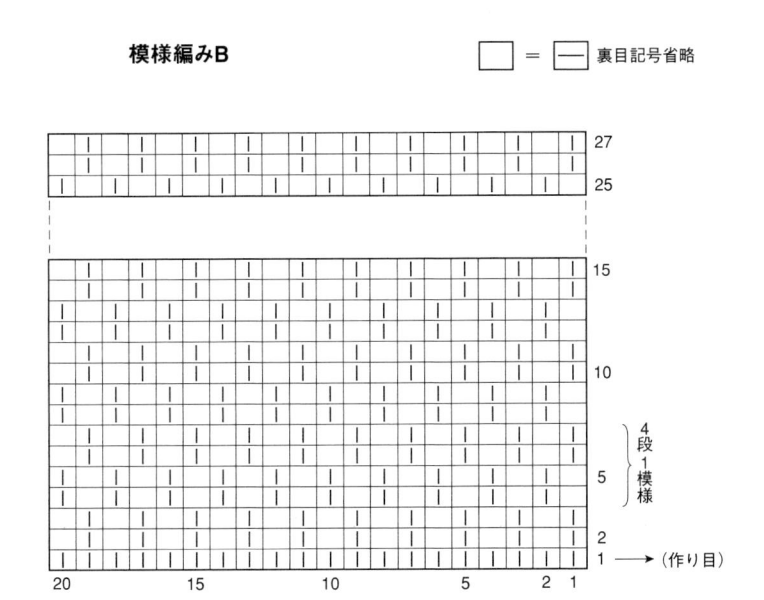

☐ = ― 裏目記号省略

| | =表目
― =裏目
⋈ =右上1目交差

2段1模様

模様編みB

☐ = ― 裏目記号省略

4段1模様

冬空色のノルディック風編み込み

size・88cm×88cm
photo・26&27ページ

●糸
[プライムメリノ合太]ピーコックブルー(7)270g、生成(1)45g、ライトブラウン(3)・グリーン(5)各20g

●用具
4号棒針

●編み方ポイント
・鎖編みの作り目で目を作り、1目かのこで18段編みます。
・続けて1目かのこ編み、編み込み模様編みA・B、模様編みで図のように編みます。
・編み終わりは伏せ止めます。

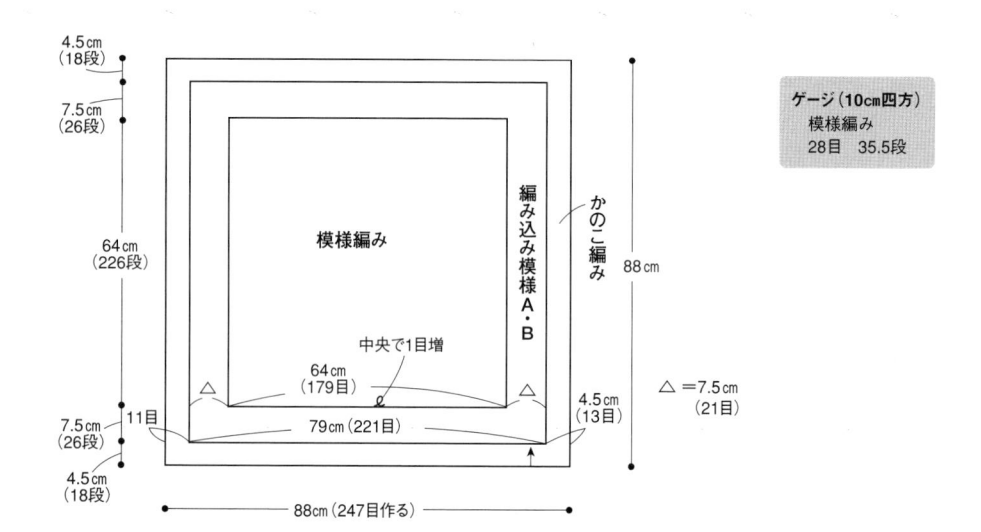

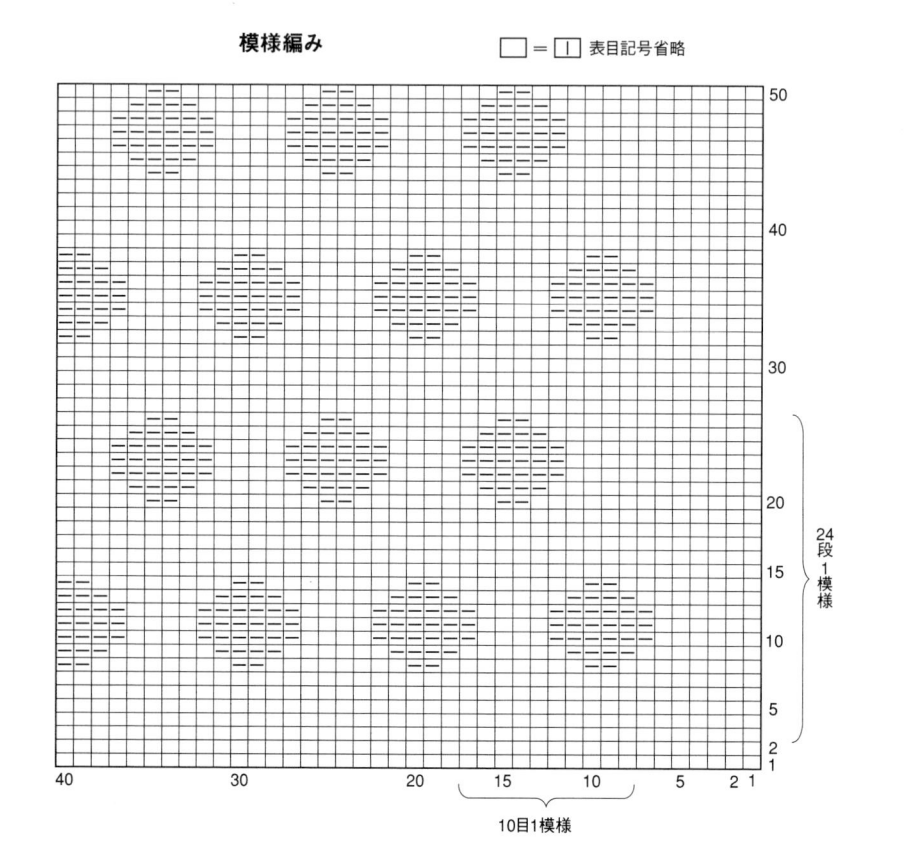

ゲージ(10cm四方)
模様編み
28目 35.5段

4.5cm (18段)
7.5cm (26段)
64cm (226段)
7.5cm (26段)
4.5cm (18段)

模様編み
編み込み模様A・B
かのこ編み
88cm
中央で1目増
64cm (179目)
79cm (221目)
4.5cm (13目)
△=7.5cm (21目)
11目
88cm (247目作る)

模様編み □=□ 表目記号省略

24段1模様
10目1模様

編み込み模様A・B
(メリヤス編み)

○ ＝グリーン
✕ ＝ライトブラウン
■ ＝生成
□ ＝ピーコックブルー

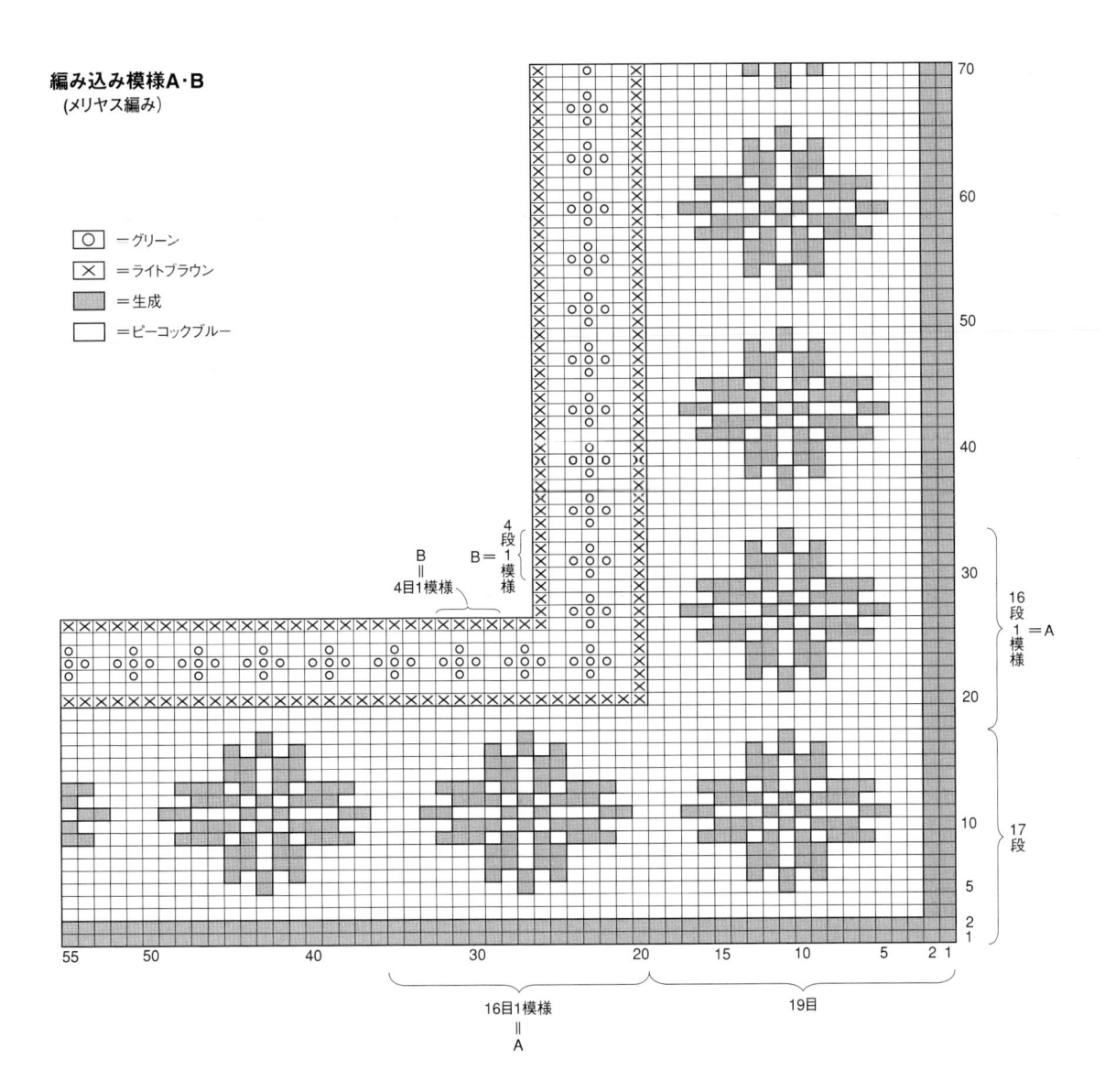

B＝4目1模様
B＝4段1模様

16段1模様＝A

17段

16目1模様＝A

19目

かのこ模様

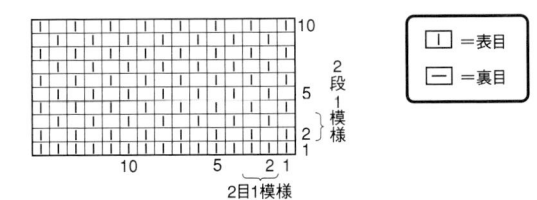

2段1模様

2目1模様

│ ＝表目
― ＝裏目

P the book of blanket

秋の夜長を楽しむヘリンボンストライプ

size・81.6cm×81.6cm
photo・28&29ページ

● 糸
[シェットランド島の羊]ブラウン・グレーミックス(5)200g、ブラウン(4)140g、ベージュ・ブラウンミックス(3)65g

● 用具
10/0号かぎ針

● 編み方ポイント
・パーツは鎖編みの作り目で1目を作り、図のように模様編みA・Bで指定の糸で編みます。
・パーツは外表に合わせ、細編みではぎ合わせます。
・まわりに縁編みを1段編みます。

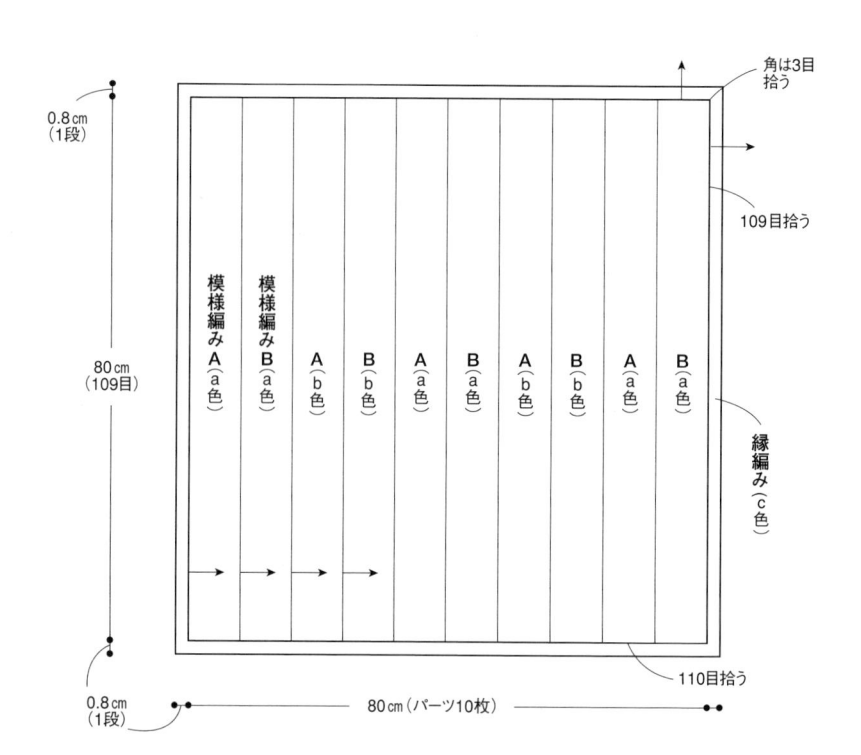

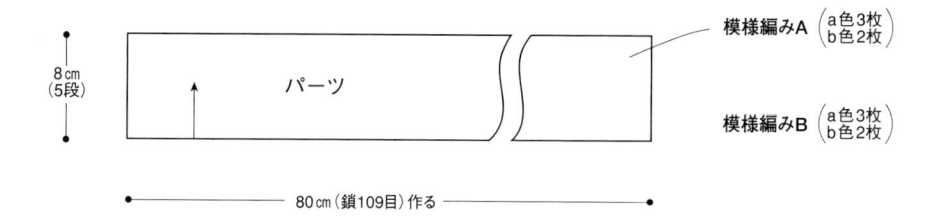

0.8cm(1段)
80cm(109目)
0.8cm(1段)

角は3目拾う
109目拾う
縁編み(c色)
110目拾う

模様編みA(a色)　模様編みB(a色)　A(b色)　B(b色)　A(a色)　B(a色)　A(b色)　B(b色)　A(a色)　B(a色)

80cm(パーツ10枚)

8cm(5段)
パーツ
80cm(鎖109目)作る

模様編みA (a色3枚 / b色2枚)
模様編みB (a色3枚 / b色2枚)

配色

a色	ブラウン・グレーミックス
b色	ブラウン
c色	ベージュ・ブラウンミックス

ゲージ
模様編みA・B
10cm=13.5目
8cm=5段

模様編みA

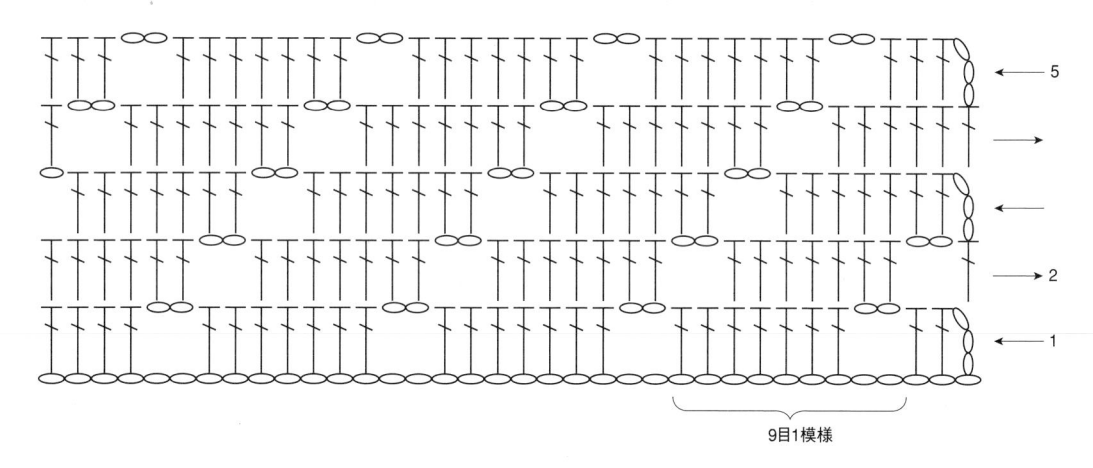

→ 5
→
← 3
→ 2
← 1

9目1模様

模様編みB

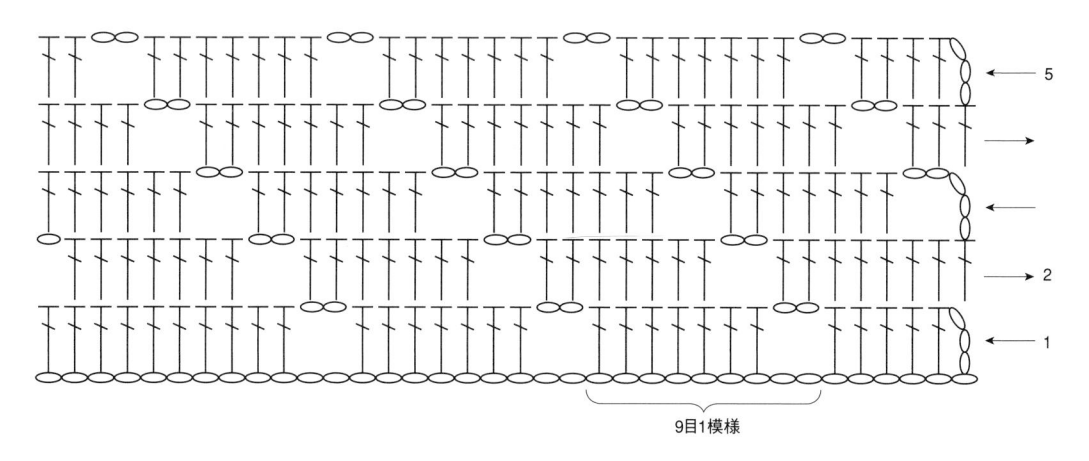

← 5
→
← 3
→ 2
← 1

9目1模様

縁編み(c色)

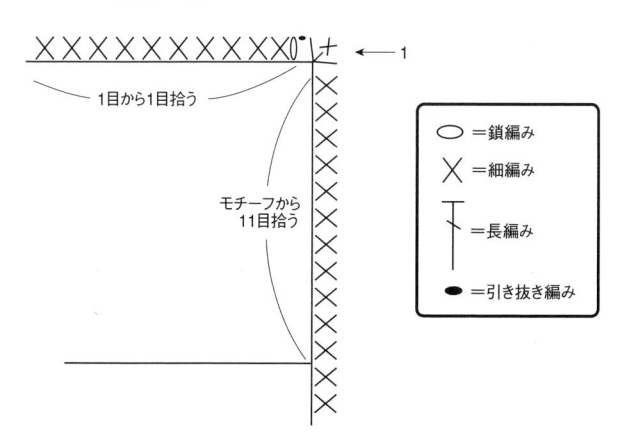

← 1

1目から1目拾う

モチーフから11目拾う

◯	＝鎖編み
✕	＝細編み
┃	＝長編み
●	＝引き抜き編み

モチーフのはぎ方

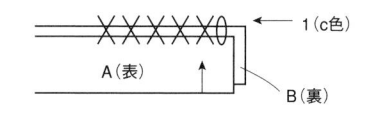

← 1(c色)
A(表)
B(裏)

※Aの編み終わりと
　Bの編み始めを合わせる

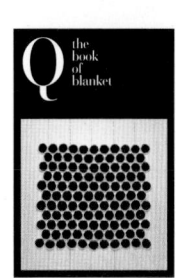

Q the book of blanket

大人がときめくクールな丸チーフ

size・80cm×80cm
photo・30&31ページ

●糸
[プライムメリノ合太]黒(12)210g、生成(1)60g

●用具
5/0号かぎ針

●編み方ポイント
・モチーフは鎖6目をわにし、図のように3段編み、4段めで糸を変えて編みます。
・2枚めからは最終段でつなぎながら編みます。

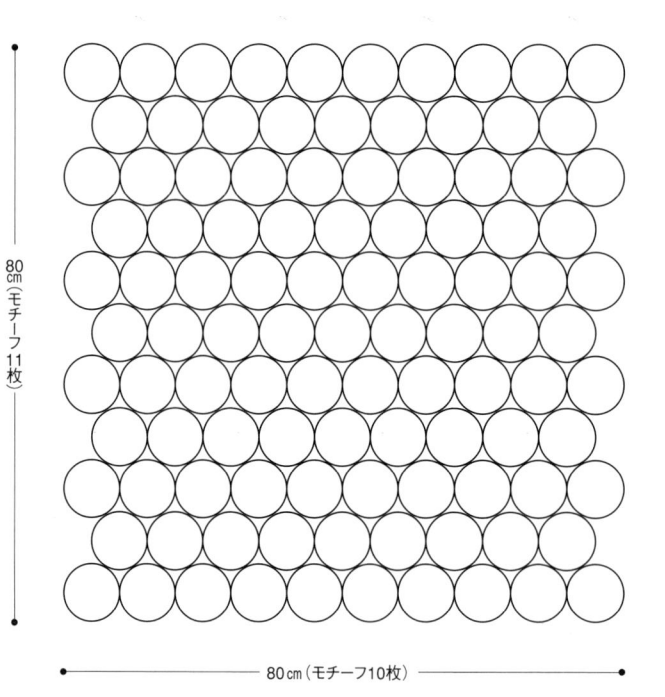

80cm(モチーフ11枚)
80cm(モチーフ10枚)

配色

4段	生成
1～3段	黒

モチーフの編み方

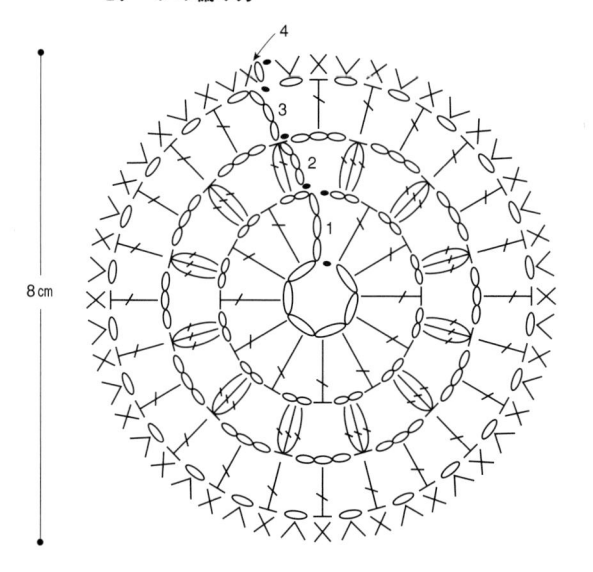

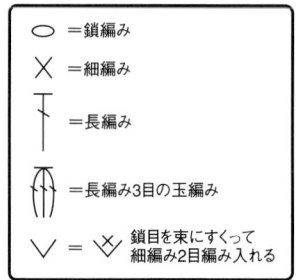

8cm

記号:
- ◯ = 鎖編み
- × = 細編み
- T = 長編み
- = 長編み3目の玉編み
- ∨ = 鎖目を束にすくって細編み2目編み入れる

モチーフのつなぎ方 ←----- 矢印の先に引き抜き編みでつなぐ

自由の法則、畝編みのフリンジ

size・75cm×75cm（フリンジ含まず）
photo・24&25ページ

●糸
[旅情]ブルー系ミックス(105)・茶ミックス(103)、[ミッドナイト]ベージュ系ミックス(2)、[プライムメリノ合太]ピーコックブルー(7)、[ブランケット]赤(6)、[アンティーク]ペールベージュ(2)、[花がすみ]ブルー(5)、[冬リンネン]ブルーグレー(6)、[アニマルタッチ!]オレンジブラウン(5)、[パフューム]ソフトグリーン(6) 各40g

●用具
8mmジャンボかぎ針

●編み方ポイント
- [旅情]ブルー系ミックスの糸端を約28cm残して鎖57目作り、図のように細編みを1段編み、糸端を残して切ります。
- 2段めからは糸端を残して1段めの編み終わりに針を入れ、畝編みを編み、糸端を残して切ります。
- 同様に3〜57段まで畝編みで毎段糸を変えて編みます。

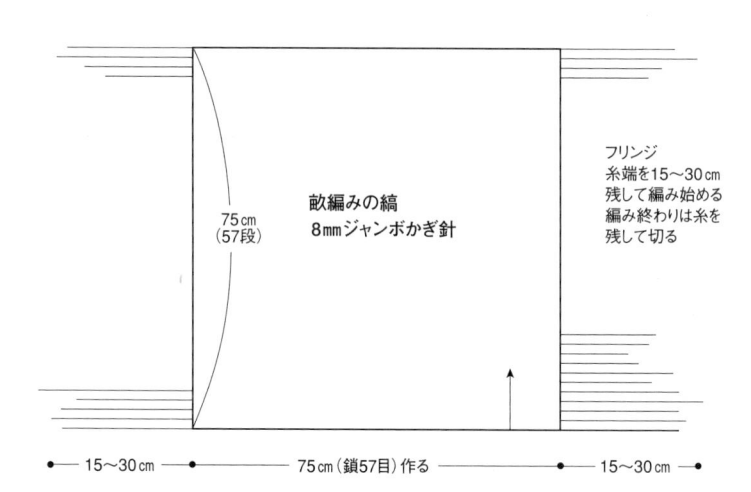

ゲージ(10cm四方)
畝編み
7.5目　7.5段

75cm (57段)
畝編みの縞
8mmジャンボかぎ針

フリンジ
糸端を15〜30cm残して編み始める
編み終わりは糸を残して切る

15〜30cm　　75cm(鎖57目)作る　　15〜30cm

畝編みの縞

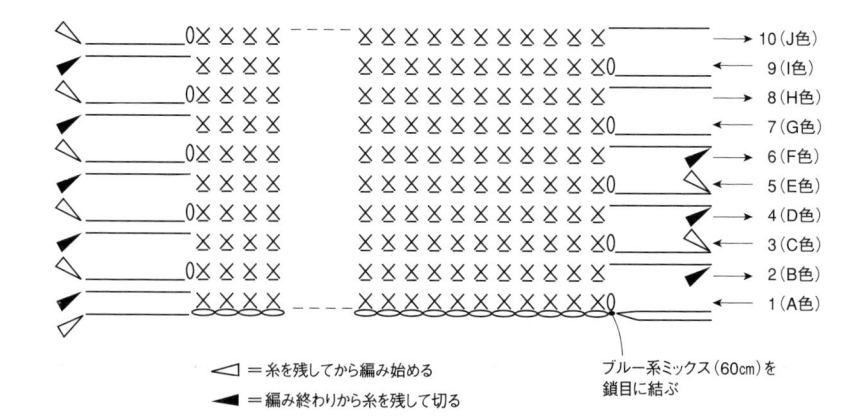

→ 10 (J色)
← 9 (I色)
→ 8 (H色)
← 7 (G色)
→ 6 (F色)
← 5 (E色)
→ 4 (D色)
← 3 (C色)
→ 2 (B色)
← 1 (A色)

△ = 糸を残してから編み始める
▲ = 編み終わりから糸を残して切る

ブルー系ミックス(60cm)を鎖目に結ぶ

配色

J色	ソフトグリーン
I色	オレンジブラウン
H色	ブルーグレー
G色	ブルー
F色	ペールベージュ
E色	茶ミックス
D色	赤
C色	ピーコックブルー
B色	ベージュ系ミックス
A色	ブルー系ミックス

10色(10段)をくり返す

※C色は4本どり、J色は3本どり、その他は1本どりで編む

LESSON

手編みレッスン

棒針編み

● 一般的な作り目

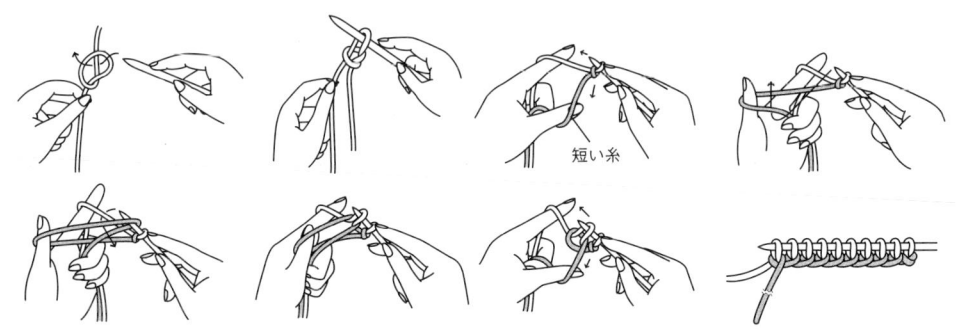

短い糸

● かぎ針編みの作り目

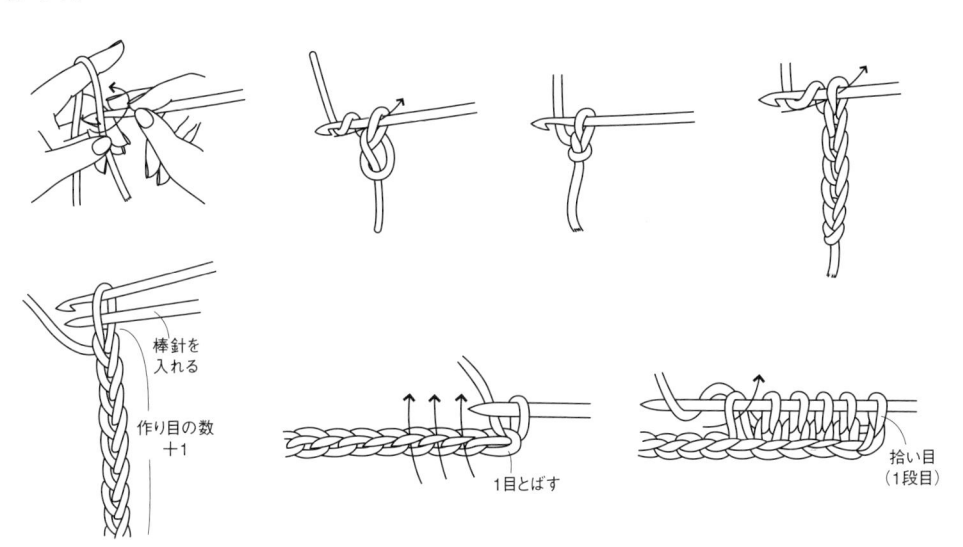

棒針を入れる
作り目の数 +1

1目とばす

拾い目（1段目）

かぎ針編み

● 糸のかけ方

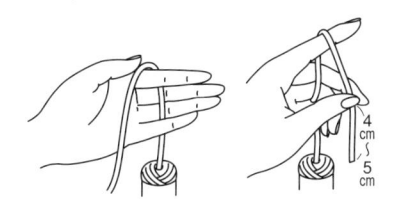

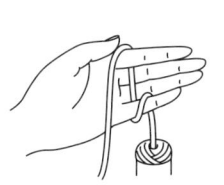

4cm〜5cm

● 針の持ち方

● 最初の作り目

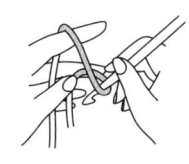

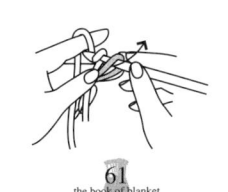

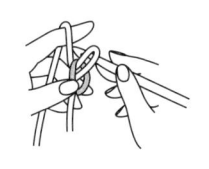

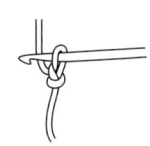

かぎ針編み

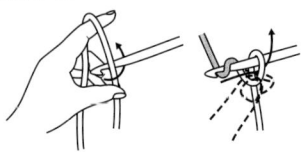

○ 鎖編み目

● 引き抜き編み目

T 中長編み目

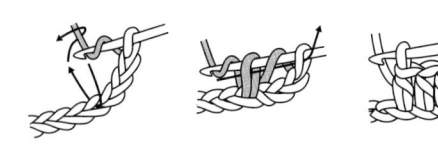

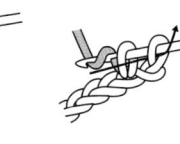

× 細編み目

〒 長編み目

⊕ 細編み2目編み入れる

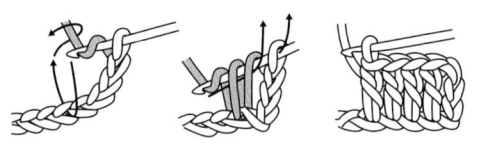

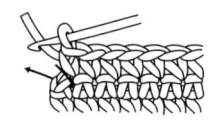

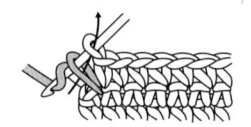

V 長編み3目編み入れる

A 長編み2目一度

◈ 長編み3目の玉編み

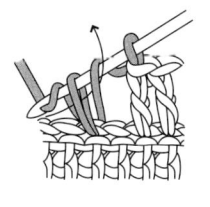

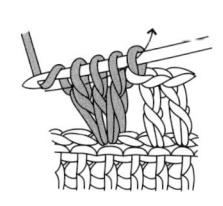

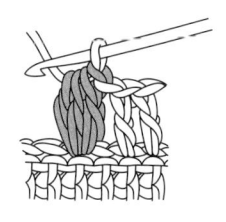

⌖ 鎖3目の引き抜きピコット編み

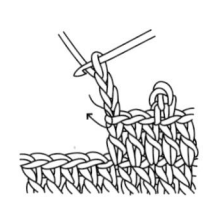

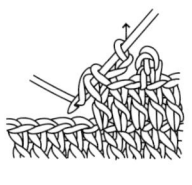

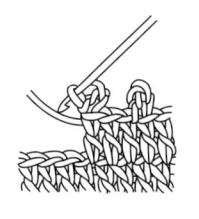

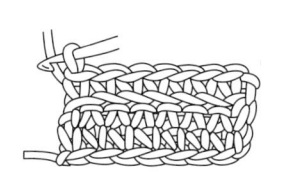

× 畝編み

棒針編み

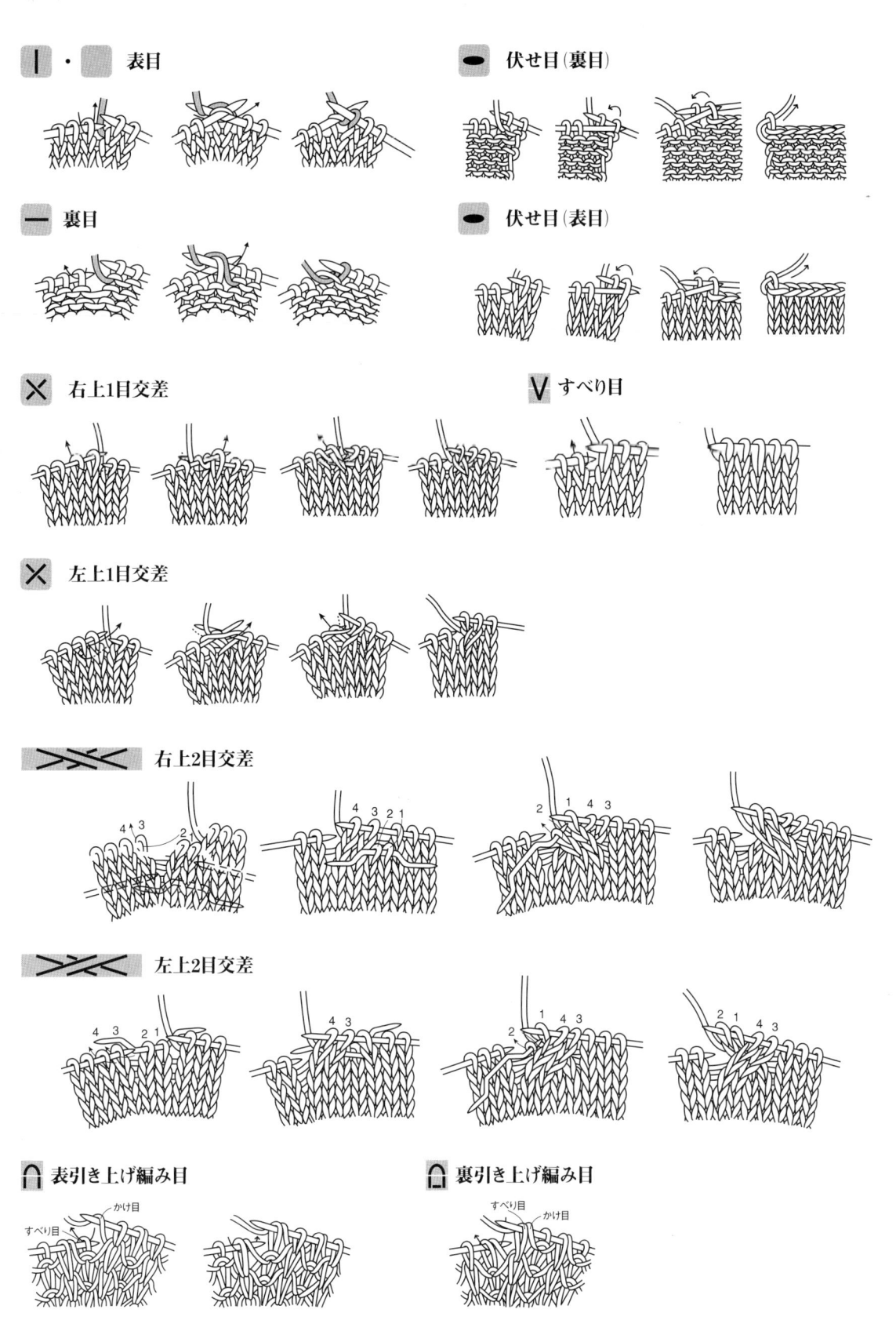

| ・ 表目

― 裏目

● 伏せ目（裏目）

● 伏せ目（表目）

✕ 右上1目交差

V すべり目

✕ 左上1目交差

⋊⋉ 右上2目交差

⋉⋊ 左上2目交差

⌒ 表引き上げ編み目

⌒ 裏引き上げ編み目

Profile
渡部サト　Sato Watanabe

手作り派。
1971年いわき市生まれのイワキジェンヌ。
作家名(渡部サト)は、手作りの師匠である祖母から。
「シンプルさのなかにほんの少し個性をプラスする、
さり気ない格好良さ」がデザイン信条。

著書：『シンプルで愛しい古裂のバッグ』
　　　『ベビーニットの本』
　　　『つくって、使って、リネンの雑貨』
　　　『ときめく黒い服』
　　　『あざやか布で作る 重ね着の服』
　　　『イギリスコットンでつくる 布合わせが楽しい、服と雑貨』
　　　『切りっぱなしのかわいい服』
　　　『ウエストゴムのすっきり見えスカート』
　　　『きちんとシルエットの直線縫いワンピース』
　　　『おめかしパンツで行こう！』
　　　　など（以上小社刊）

staff
ブックデザイン　　田中進
撮影　　　　　　　回里純子
作り方原稿　　　　西村容子
イラスト　　　　　薄井年夫(p.34-60)、八文字則子(p.61-63)
手作り協力　　　　鈴木利栄子、ユーピー☆、望月秀子、
　　　　　　　　　山口由美、秋山順子、中島知枝
編集　　　　　　　坂本敦子

【素材協力】
横田株式会社　大阪本社
〒541-0058　大阪市中央区南久宝寺2-5-14　tel.06-6251-2183

使い方は無限大∞心おどるハンドメイドニット
とっておき　手編みのブランケット

2007年10月20日　初版印刷
2007年10月30日　初版発行

著　者　　渡部サト
発行者　　若森繁男
発行所　　株式会社河出書房新社
　　　　　〒151-0051　東京都渋谷区千駄ヶ谷2-32-2
　　　　　電話　03-3404-8611（編集）03-3404-1201（営業）
　　　　　http://www.kawade.co.jp/
印刷・製本　凸版印刷株式会社

©2007 Kawade Shobo Shinsha,Publishers
Printed in Japan　ISBN 978-4-309-28108-7

落丁・乱丁本はお取り替えいたします。
本書の無断転載（コピー）は著作権法上での例外をのぞき、禁止されています。